Gert Otto

»Religion« contra »Ethik«?

Religionspädagogische Perspektiven

Unter Mitwirkung von Ursula Baltz

Neukirchener Verlag

© 1986
Neukirchener Verlag des Erziehungsvereins GmbH,
Neukirchen-Vluyn
Alle Rechte vorbehalten
Umschlaggestaltung: Kurt Wolff, Düsseldorf-Kaiserswerth
Gesamtherstellung: Breklumer Druckerei Manfred Siegel KG
Printed in Germany
ISBN 3-7887-1228-7

CIP-Kurztitelaufnahme der Deutschen Bibliothek

Otto, Gert:
»Religion« contra »Ethik«?: Religionspädag.
Perspektiven / Gert Otto. Unter Mitw. von Ursula
Baltz. - Neukirchen-Vluyn: Neukirchener Verlag,
1986.
   ISBN 3-7887-1228-7

Vorwort

Seit den Anfängen meiner wissenschaftlichen Beschäftigung mit der Religionspädagogik geht es mir um die Überwindung von Verengungen und Begrenzungen, sowohl hinsichtlich des Begriffs der Religionspädagogik wie erst recht hinsichtlich des Verständnisses und der Aufgabe des Religionsunterrichts. Das zentrale Kapitel 3.3 dieses Bandes, gemeinsam mit *Ursula Baltz* verfaßt, das dem Buch den Titel gegeben hat, ist die Konsequenz solcher Bemühungen.
Die vorangehenden Kapitel zeigen den Weg dorthin. Dabei greife ich auf Aufsätze zurück, die verstreut veröffentlicht sind. Sie werden hier jedoch nicht in ihrer ursprünglichen Gestalt noch einmal vorgelegt, sondern so bearbeitet und verändert, daß sie sich nunmehr, gemeinsam mit den unveröffentlichten Kapiteln, in den Zusammenhang fügen. Notwendige Angaben zur Bearbeitung der Aufsätze finden sich in den jeweiligen Vorbemerkungen zu den einzelnen Kapiteln und in den bibliographischen Nachweisen am Schluß des Buches.
Das abschließende Kapitel »Elemente einer Theorie des Erzählens im Religionsunterricht« ist, wie Kapitel 3.3, gemeinsam mit *Ursula Baltz* verfaßt. Die durchgängige Bearbeitung der Aufsätze für den neuen Rahmen, in dem sie nun stehen, geht ebenfalls auf uns beide zurück. In der jetzigen Zusammenstellung der Kapitel zeigt sich zugleich so etwas wie ein Denkweg, der konsequenterweise zur Bejahung des »Ethik«-Unterrichts führt. Zur Eigenart eines solchen Weges gehört sicher auch, daß er dem, der ihn gegangen ist, keinesfalls von Anfang an in Verlauf und Ziel so eindeutig vor Augen stand, wie es sich hinterher erkennen läßt. Dies aufzuhellen ist ein Nebeneffekt des Buches.

Mainz, im Sommer 1985　　　　　　　　　　　　　　　　　　　　Gert Otto

Inhalt

Vorwort 5

0 Einleitung: Der Mensch in seiner Welt 9

1 **Was heißt Religionspädagogik?** 28
1.0 Vorbemerkung 28
1.1 Die Überwindung der Katechetik 28
1.2 Religionspädagogik als kritische Theorie 34

2 **Die bleibende Bedeutung der hermeneutischen Frage** .. 53
2.0 Vorbemerkung 53
2.1 Religionsunterricht als hermeneutische Aufgabe
    Erster Teil 54
2.2 Noch immer: Religionsunterricht als hermeneutische
    Aufgabe? Zweiter Teil 66

3 **Die Überwindung konfessioneller Verengungen** 79
3.0 Vorbemerkung 79
3.1 Zur Problematik des Religionsunterrichts in Bremen. Ein
    Gutachten 80
3.2 Konfessioneller oder allgemeiner Religionsunterricht? ... 93
3.3 »Religion« contra »Ethik«? Zwischenbilanz und
    Perspektiven 102

4 **Schluß** 123
4.0 Vorbemerkung 123
4.1 Elemente einer Theorie des Erzählens im Religions-
    unterricht 123

Bibliographische Nachweise 135

0

Einleitung:
Der Mensch in seiner Welt

Die folgenden Überlegungen bilden den Einstieg in einen vielschichtigen Diskussionsprozeß. Da man den Ausgangspunkt eines Prozesses verschiebt, wenn man ihn vom späteren Verlauf her verändert, ist der ursprüngliche Text in diesem Fall nur sparsam bearbeitet worden.
Die streckenweise parallele Erörterung religionspädagogischer und homiletischer Fragen soll auf strukturelle Vergleichbarkeiten in zwei voneinander zu unterscheidenden Bereichen aufmerksam machen.

I
Zur Fragestellung

Geht man verbreiteten Vorstellungen über den Religionsunterricht nach, über seinen Inhalt und die pädagogischen Absichten des Lehrers, so wird man häufig auf eindeutig religiöse Sinnbestimmungen dieses Unterrichtsfaches stoßen. Mit der Bezeichnung »religiös« sind Vorstellungen gemeint, deren Kennzeichen es ist, die Inhalte des Religionsunterrichts sozusagen als eigenes Terrain neben oder auch über den weltlichen Fächern der Schule zu betrachten – als ein Terrain, auf dem zu leben der Mensch *auch* eingeladen ist, ja auf dem sich das *eigentliche* Leben überhaupt erst entscheidet. Von daher gewinnt der Religionsunterricht dann seine oft berufene »Sonderstellung« innerhalb der Schule. Er hebt sich bewußt ab von allem anderen, was verhandelt wird, und nicht selten kann man der Meinung begegnen, daß diese Distanz geradezu »wesenhaft« sein müsse, wenn das Interesse dieses Unterrichtsfaches recht zum Zuge kommen solle. Im Umkreis solcher Vorstellungen kann man sehr verschiedene konkrete Ausformungen treffen. Einmal steht stärker die Frage nach dem »christlichen« Leben im Vordergrund, einmal der Bezug auf das Leben in der Kirchengemeinde oder auch ein immer wieder anders gefaßter Begriff von Verkündigung[1] des Evangeliums im Rahmen der Schule.
Ohne daß wir einzelne Grund- und Zielvorstellungen näher analysieren müßten, lassen sich schon aus diesen generellen Beobachtungen verschiedene Feststellungen ableiten.
Verbreitet scheint noch immer die – oft sicher unreflektierte – Meinung, daß Inhalt und Grundthematik des Religionsunterrichts allem anderen,

---

1 Vgl. zu den Wendungen und Wandlungen dieses Begriffs in der Religionspädagogik: *R. Dross*, Religionsunterricht und Verkündigung (1964).

was in der Schule getrieben wird, gegenüberstehen. Dieses Gegenüber kann im Sinne einer letzten Norm, im Sinne der »Eigentlichkeit« oder auf ähnliche Weise verstanden werden, jedenfalls aber als bewußte Rede von Inhalten, die sich – anders als sonst im Rahmen der Schule – der Relativität und Bedingtheit alles Menschlichen entziehen.

Gerechterweise muß man zugeben, daß es auch in solchem Unterrichtsverständnis um den Menschen und sein Leben in der Welt gehen soll. Jedoch läuft das sicher nicht immer bewußte oder klar genug durchdachte Vorstellungsmodell, das hier regiert, letztlich unvermeidlich darauf hinaus, den Menschen nicht in seine Welt hinein-, sondern gerade aus ihr herauszuführen in einen besonderen Bereich der Frömmigkeit. Damit sind aber Welt und Mensch nur noch im uneigentlichen Sinne im Religionsunterricht thematisiert.

In diesem eigentümlichen, nicht selten widersprüchlichen Verständnis seiner Aufgabe steht der Religionsunterricht keineswegs allein. Daher ist es auch eine Verkürzung, wenn man seine Problematik, wie es oft geschieht, isoliert erörtert. Vielmehr partizipiert der Unterricht lediglich an der *Grundsituation der Kirche und insbesondere ihrer Predigt,* wie man sie vielfältig in der Gegenwart beobachten kann. Hier wird, wegen der direkten Anrede des Teilnehmers, die Fatalität vielleicht sogar noch deutlicher. Urteile der Kirche distanziert gegenüberstehender kritischer Predigthörer laufen immer wieder darauf hinaus, daß solche Hörer sich und die Realität ihres Lebens in der landläufigen Predigt nicht vorgesehen finden.[2] Dabei werden wir aber auch dem Prediger, dessen Predigt diesen Eindruck hinterläßt, durchaus unterstellen dürfen, daß er seinen Hörer in dessen Leben erreichen wollte. Woran liegt es also? Daran, daß die Aussage des Predigers aus vermeintlich *theologischen* Notwendigkeiten in so starker Distanz zur gegenwärtigen Welt und zum gelebten Leben verbleibt, daß der Hörer den Eindruck gewinnen muß: Lasse ich mich auf das hier Gesagte ein – wenn ich es ehrlicherweise überhaupt kann –, dann muß ich »umsteigen«, muß aus meiner Realität aussteigen und in die in der Predigt gekennzeichnete »andere« Welt einsteigen.[3] In der Tat wird diese Einladung nicht selten vom Prediger intendiert. Diesem vom Predigthörer empfundenen Wechsel von einer in die andere Welt entspricht auf der Ebene der Schule genau das, was sich mit dem Begriff der »Sonderstellung« des Religionsunterrichts und unseren oben angedeuteten Beobachtungen verbindet.

2 Vgl. z.B. die Ergebnisse der Erhebung von *W. M. v. Bissing,* Die evangelische Predigt in der modernen Industriegesellschaft, in: ZEE 5 (1961), S. 105ff.
3 Man ist versucht, an *Ringelnatz'* Gedicht »Sonntags« zu denken:
   Du redest, Du redest doch auch zu mir?
   Die Kanzel ist so hoch entfernt.
   Was redest Du auf Lateinisch zu mir!
   Ich habe doch nie Lateinisch gelernt.
Aus: *J. Ringelnatz,* ... und auf einmal steht es neben dir. Gesammelte Gedichte (1965), S. 129.

Die geschilderte und uns allen durch Beispiel und Erfahrung gut vertraute Situation von Unterricht und Predigt hat ihren Grund in zentral theologischen, nicht etwa in isolierbaren didaktischen oder homiletischen Zusammenhängen. Für gegenwärtiges pädagogisches Denken ist ja in der Vielfalt der Richtungen und Aussagen immer wieder die Bemühung um Gegenwartsverbundenheit und Weltzugewandtheit kennzeichnend, bis hin zur Einrichtung neuer Schulfächer unter gerade diesen Motiven. Ebensowenig wird man für die Homiletik einen Mangel an Versuchen, die Welt des Hörers zu erreichen, beklagen können. Nicht hier liegen die Schwierigkeiten also, sondern im ungeklärten theologischen Denken – genauer: in der Sorge, bei radikaler Wendung zum heutigen Menschen in der gegenwärtigen Welt die »Sache« der Theologie und des Glaubens zu verraten.
Nun könnte es so scheinen, als gehöre die geschilderte Verlegenheit – zumal sie von vielen gar nicht als solche empfunden wird – schon immer zur Eigenart von Unterricht und Predigt. Das ist keineswegs der Fall. Freilich stehen die Zeiten, in denen es anders gewesen ist, in denen man also konsequent versucht hat, das gegenwärtige Leben des Schülers oder des Hörers ernst zu nehmen, nicht gerade im besten theologischen Ruf. Aber hier bedarf es mancher Überprüfung und Korrektur. Die Wiederentdeckung und vor allem die gerechte Würdigung der homiletischen und der religionspädagogischen Leistung des 19. Jahrhunderts hat noch kaum begonnen. Gerade hier aber wäre zu lernen, mit welchem Nachdruck die Frage nach dem Menschen in seiner Welt in der theologischen Diskussion aufgegriffen werden kann. Diese Intention ist auf jeden Fall für uns heute anregend, wie immer man zu den damaligen Ergebnissen und ihren Prämissen stehen mag. Niemand wird sie unbesehen übernehmen wollen. Sie aber unbesehen liegenzulassen, wie es noch weithin geschieht, und sich lediglich über das vergangene Vokabular zu mokieren, dürfte auch nicht der Weisheit letzter Schluß sein.
Lediglich an einem Beispiel, an Ausführungen *Friedrich Niebergalls*, sei das für Predigt wie Unterricht illustriert.
Über das Ziel des *Religionsunterrichts* schreibt *Niebergall* zu Beginn unseres Jahrhunderts, ganz in den Bahnen theologischen Denkens des 19. Jahrhunderts:

»Wir wählen ein zusammenhängendes Wort für unsere Bestimmung des Ziels; und dies Wort heißt *Bildung*. So paßt es in den Rahmen des ganzen Schulunterrichts hinein; denn was kann er sich Höheres zum Ziel setzen, als der Jugend Bildung zu übermitteln? Ohne daß wir hier eine eingehende Darlegung dessen versuchen könnten, was unter Bildung zu verstehen ist, müssen wir doch einiges beibringen. Bildung besteht natürlich vor allem einmal in der Erweckung von Fähigkeiten, nicht in einem Wissen. Sie liegt im Posse, nicht im Nosse. Sie besteht in der Fähigkeit, an dem ganzen Kulturleben der Umgebung mit Verständnis und persönlichem Interesse selbständig teilzunehmen, um es, soweit es möglich ist, auch weiter zu fördern. Dabei kommt es darauf an, daß man ein gegründetes Urteil abgeben kann über Erscheinungen der **Gegenwart** und der Geschichte. Vor allem aber liegt

Bildung auf der praktischen Seite; sie besteht darin, daß einem die Ideale wertvoll sind, die nun als Bestes unserer Zeit voranleuchten. So ist Bildung die Durchdringung des einzelnen mit dem besten Gehalt, über den die Gemeinschaft verfügt; den können wir zusammenfassend Kultur im weitesten Sinn des Wortes nennen.«[4]

Natürlich ist das nicht unsere Sprache. Und wenn man den weiteren Zusammenhang verfolgt, wird man auf nicht wenige Begriffe, Vorstellungen und Thesen stoßen, die von Grund auf korrigiert sind. Aber das ist nicht das entscheidende. Bemerkenswert sind für unseren Zusammenhang vielmehr zwei Dinge: *Niebergall* ist einerseits trotz aller Zeitbedingtheit seines Denkens von einem erstaunlich modern anmutenden Bildungsbegriff bestimmt, dessen Charakteristikum in seiner Dynamik liegt. Zum anderen bezieht er in diesen Bildungsbegriff Ziel und Aufgabe des Religionsunterrichts ein. Damit aber wehrt er jedes religiöse Ghettodenken im Ansatz ab. Der Religionsunterricht und seine Aufgabe profilieren sich also nicht von vornherein polemisch gegen das zeitgenössische Bildungsverständnis, sondern korrespondierend mit der geschichtlichen Bildungsaufgabe und ihrem Verständnis. Das ist entscheidend. Diese beiden Perspektiven *Friedrich Niebergalls* festzuhalten lohnt. Denn sie erweisen sich auch dann als folgerichtig und ergiebig, wenn man z.B. *Niebergalls* – von Max Wundt bestimmte – psychologische Konzeption nicht mehr zu übernehmen geneigt ist.

Ein ähnlich instruktives Bild vermittelt ein Blick in *Niebergalls* Ausführungen über Aufgabe und Situation der *Predigt* in seiner Gegenwart. Er schreibt:

»Das letzte Ziel unserer Evangeliumsverkündigung ist gewiß dies, die uns anvertrauten Seelen mit Christus und Gott in Berührung zu bringen und des ewigen Reiches teilhaftig zu machen. Der mittelbare Zweck ist aber der, die Menschen in diesem Leben in eine Verfassung und Haltung hineinzubringen, welche jenem Endziel entspricht... Aber die geforderte Haltung des Lebens muß sich richten nach den Verhältnissen, wie sie die Welt mit sich bringt, in der wir einmal sind... Bezeichnen wir einmal vorläufig das Ideal eines Christenlebens als ein Leben der Liebe und Freiheit auf der einen, als ein Leben der Freude und des Friedens auf der anderen Seite, so stellen sich ihm all die Regungen der Selbstsucht und die ganze Gebundenheit durch die Sinne, stellen sich ihm auch all die äußeren Schwierigkeiten und die inneren Nöte entgegen. Darüber gilt es nun in der Predigt den Leuten wegzuhelfen, die sich uns anvertrauen. Wir müssen ihnen Motive darbieten, die ihre Beweggründe überbieten und überwinden, wir müssen ihnen Trostgründe, Quietive, darbieten, die ihre Trauer und Niedergeschlagenheit beseitigen...«[5]

Wiederum: Das ist nicht unsere Sprache. Aber wer wollte verkennen, daß hier Richtiges getroffen ist? Auch wenn man *Niebergalls* Differenzierung

---

4 F. *Niebergall*, in: H. *Richert* (Hg.), Handbuch für den evangelischen Religionsunterricht erwachsener Schüler (1911), S. 186. Zu Art und Argumentation religionspädagogischer Kritik an Niebergall vgl. R. *Dross*, aaO., S. 110.
5 F. *Niebergall*, Wie predigen wir dem modernen Menschen (1905[2]), S. 1.

zwischen »letztem Ziel« und »mittelbarem Zweck« der Verkündigung nicht übernehmen mag, so bleibt doch über seine Zeit hinaus bemerkenswert: Der Inhalt der Predigt und das Leben des Hörers, Evangelium und jeweilig lebender Mensch, dem das Evangelium gilt, werden als integrale Einheit gefaßt. Es gibt nach *Niebergall* offenbar die Predigt des Evangeliums nicht abgesehen vom verstehenden Menschen in seinen Möglichkeiten und Bedingtheiten. Dann aber gehört zur Predigt des Evangeliums ihre »Orientierung« am Menschen in seiner Zeit.

Dieser kurze Seitenblick sollte uns, ehe wir unsere Erwägungen fortführen, einerseits verdeutlichen, daß wir mit unserer auf den Menschen in seiner Zeit bezogenen Fragestellung, so extrem sie gegenüber verbreiteter Praxis scheinen mag, nicht allein stehen, und zum anderen, daß wir oft gerade von denen lernen können, die heute aufgrund der Theologiegeschichte der letzten vierzig Jahre in keinem hohen Kurs stehen, nämlich von den sogenannten Liberalen. Ähnliches würde übrigens auch für die bei uns gleichermaßen zu Unrecht perhorreszierte homiletische und religionspädagogische Leistung der Aufklärungstheologie gelten.

II
Das anthropologische Interesse des Glaubens

Wenn die Schwierigkeiten des Religionsunterrichts sowie der Predigt in der Welt von heute ihre Wurzeln im theologischen Denken haben, dann müssen wir die theologischen Grundsatzfragen skizzieren, für die die Problematik von Predigt und Unterricht lediglich ein Beispielfall ist, der sodann wieder aufzunehmen sein wird.

Wir setzen mit einer zugespitzten Frage ein: Was ist das Generalthema aller christlichen Theologie, an dem folglich auch Predigt wie Unterricht orientiert sein müssen? Die ebenso wie die Frage zugespitzte Antwort lautet: *Der Mensch in der Gegenwart,* in je seiner Welt, ist das Thema aller christlichen Theologie; um den Menschen und sein Leben in Zeit und Welt geht es.[6] Dabei heißt Welt und Leben immer zugleich Geschichte.

---

6   Zur Konkretisierung nenne ich drei Stimmen, in denen die Variationsbreite des Nachdenkens in dieser Richtung deutlich werden mag:
D. Bonhoeffer, Widerstand und Ergebung (1955[6]), S. 247f.: »Ich habe in den letzten Jahren mehr und mehr die tiefe Diesseitigkeit des Christentums kennen und verstehen gelernt. Nicht ein homo religiosus, sondern ein Mensch schlechthin ist der Christ, wie Jesus . . . Mensch war. Nicht die platte und banale . . ., sondern die tiefe Diesseitigkeit, die voller Zucht ist und in der Erkenntnis des Todes und der Auferstehung immer gegenwärtig ist, meine ich. Ich glaube, daß Luther in dieser Diesseitigkeit gelebt hat.«
Th. Sartory, Eine Neuinterpretation des Glaubens (1966), S. 114f.: »Das ›Diesseits‹ ist nicht gottlos, genausowenig wie Gott (der ja ›Grund‹ und ›Ziel‹ der Welt ist) weltlos ist. Wer es mit dieser Welt zu tun hat, mit dieser wirklich durchaus diesseitigen Welt, hat es letztlich mit Gott zu tun, da die Diesseitigkeit der Welt keine in sich stehende, absolute Struktur ist, diese vielmehr durch die komplementäre Struktur der Jenseitigkeit bedingt

Dieses Grundthema wird in der biblischen Überlieferung in mannigfachen Variationen und in der jeweiligen Sprache von Autor und Adressat ausformuliert. Die zeitbedingte Sprache verführt wegen ihrer Ferne dabei heute oft zu dem Irrtum, das Thema sei anders zu bestimmen.
Der Haupteinwand gegen unsere Antwort auf die gestellte Frage lautet: Ist nicht vielmehr umgekehrt in der Bibel von Gott die Rede? Aber dieser Einwand verschlägt nicht. Denn die *Intention* biblischen Redens von Gott ist entscheidend. Sie ist dadurch gekennzeichnet, daß um des Menschen und seines Lebens willen von Gott die Rede ist, nicht aber um Gottes willen. Die Bibel – wenn man einmal so pauschal reden darf – ist nicht an Gott an und für sich interessiert, sondern sie ist am Menschen und seiner Geschichte interessiert. Dieses Interesse realisiert sie in vielfältigem Reden von Gott. Auf eine Formel und damit auf die radikalste Form gebracht, könnte man auch sagen: Die Rede von Gott ist für die Bibel das unverzichtbare *Interpretament,* mit dessen Hilfe Aussagen über den Menschen in der Welt gemacht werden.
Woran liegt es, daß diese Erkenntnis, die sich langsam durchzusetzen beginnt und bezeichnenderweise oft von Nichttheologen viel besser verstanden wird als von Theologen, so viele Schwierigkeiten bereitet?
Es liegt daran, daß wir – oft gegen alle eigene wissenschaftliche Erkenntnis – gerade im Zusammenhang der Predigt- und Unterrichtsaufgabe immer wieder in der Gefahr sind, die biblischen Texte in einer ihnen unangemessenen Weise zu lesen: nämlich unhistorisch. Das führt dazu, daß der Leser Aussagematerialien und Vorstellungen, mitunter sogar nach langen und scharfsinnigen philologisch-exegetischen Bemühungen, als gegeben übernimmt und an Hörer oder Schüler weiterreicht – in der Meinung, die Übernahme und Weitergabe der Materialien und Vorstellungen sei schon die Erkenntnis und Vermittlung von Sinn und Intention der Aussage. Wir nennen dieses Mißverständnis unhistorisch, weil dabei die Gebundenheit jeder Aussage an ihre historische Stunde und ihren historischen Ort nicht einkalkuliert und so die Frage nach dem Sinn des Textes in *seiner* Situation einfach übersprungen ist. Kenntnisnahme alter Vorstellungen, die noch nicht einmal in ihrer Vergangenheit erkannt sind, wird verwechselt

bleibt. Wer es mit Gott zu tun hat, hat es mit der Welt zu tun, da auch die Jenseitigkeit (für uns!) nichts isoliert in sich Stehendes ist, sondern ihrerseits sich wieder durch die komplementäre Diesseitigkeit bedingt erweist. Darum kann der Mensch sich dem ›Jenseitigen‹ nicht *einen,* indem er dem ›Diesseitigen‹ den Rücken wendet, sondern nur, indem er sich auf das ›Diesseitige‹ ganz einläßt . . .«
M. Mezger, Theologie als Wissenschaft, in: Ernst Bloch zu ehren (1965), S. 182: »Theologie stellt die Frage, was unter ›Gott‹ zu verstehen sei. Sie untersucht, was man bislang unter ›Gott‹ verstanden hat; sie bemüht sich, heute von ›Gott‹ so zu reden, daß das ganze der Welt und des Menschen verständlich und sagbar wird.« Und S. 205: »Wir lernen langsam und widerstrebend, was es heißt, ›Gott‹ in der Welt zu begegnen, nicht die Welt in ›Gott‹ aufgehen zu lassen. Alle transzendenten Formeln kehren sich um; nicht in lahme Immanenz, sondern in Entschlossenheit zur Forderung und Verheißung des Tages . . . Was entscheidet? Die Klarheit des Wortes, das Wagnis des Lebens: konkretes Existieren.«

mit Sinnverständnis. Sinnverständnis eröffnet sich aber erst auf dem Weg über die Frage nach dem Text in seiner ursprünglichen historischen Situation, die Frage also nach dem Verstehenshorizont und den Verstehensbedingungen des ursprünglichen Lesers im Gegenüber, ja oft im Gegensatz zu meiner Verstehenssituation unter *anderen* Bedingungen.[7]
Indem diese elementare hermeneutische Situation überspielt wird, wird alles Verstehen verhindert. Dies geschieht nun in der Tat im Umgang mit der biblischen Überlieferung auf Schritt und Tritt. Denn so elementar das Problem scheint und so überzeugt viele auch sein mögen, sich diesem Problem ständig zu stellen – die Realität in Kirche und Schule, in Predigt und Unterricht beweist täglich, daß es sehr oft nicht der Fall ist. Würde man sich nämlich diesem Problem wirklich stellen, dann könnte man überhaupt erst entdecken, in welche Befreiung von der Vergangenheit uns das Verstehen der Bibel führen kann.
Dies ist keine Radikalität, deren Quelle in subjektiven Meinungen liegt, sondern die von der Überlieferung selbst gefordert ist. Denn es gibt in der Tat nirgendwo eine überzeugendere Anleitung zu solchem Sinn-Verstehen – das allererst die Weitergabe ermöglicht – als in der biblischen Überlieferung selbst. Beobachtet man die Wandlungen des Redens von Gott zwischen älteren und jüngeren Aussagen im Alten Testament oder die Verbindung der Jesusbotschaft mit gnostischen Vorstellungen bei Johannes oder die Interpretation des Evangeliums mit griechischem Gedankengut – um nur diese drei vertrauten Beispiele zu nennen –, so zeigen sie alle deutlich: Hier wird nicht durch Wiederholung überkommener Vorstellungen überliefert, sondern dadurch, daß die Inhalte und Aussagen aus den überkommenen Vorstellungen gleichsam herausgeführt und in neue, zeitgemäße, jeweils verstehensgemäße überführt werden. Was den biblischen Autoren als frühesten uns erreichbaren Zeugen recht ist, sollte uns als späten Zeugen nicht nur billig, sondern verpflichtende Aufgabe sein. Ja, nur wenn wir denselben Mut aufbringen, bleiben wir am Text und seinem Willen.
Daß der verstehende Mensch derart in den Horizont der Überlieferung hineingehört, ist nicht zufällig, sondern dieser Umstand verweist wiederum darauf, wovon in der biblischen Überlieferung die Rede ist: nämlich von eben diesem Menschen. Dieser Rede vom Menschen und seiner Welt wird der Mensch verstehend gewahr, sich selbst und die Welt verstehend. Verstehen schließt dabei Wandlungen des Inhalts, nicht nur der Aussageform ein. Sie sind durch die Geschichtlichkeit des Verstehens bedingt. Form und Inhalt sind voneinander nicht zu trennen. Wandelt sich das eine – die Sageweise –, so wandelt sich notwendig auch der sog. Inhalt.

7 Zur hermeneutischen Problematik vgl. insgesamt *H. G. Gadamer,* Wahrheit und Methode (1965[2]); *E. Fuchs,* Hermeneutik (1960[2]). – Am Beispiel der Hoheitsprädikate Jesu hat das Problem plastisch ausgeführt *H.-D. Bastian,* Der anonyme Jesus oder die Leere um den Sohn Gottes, in: Radius, Heft 1 (1966), S. 33ff.; vgl. auch ebd., S. 6ff. die hermeneutisch aufschlußreichen Beiträge von *M. Mezger* und *J. Moltmann,* Kommt Jesus wieder?

So spiegelt die Bibel in sich nicht einen wörtlichen Wiederholungsprozeß, sondern einen Verstehensprozeß, und sie lädt den Leser zu einem solchen ein.[8] Das ist in der Forschung zweifellos weitergehend anerkannt, als es in der Predigt *realisiert* wird. Läßt man sich auf diesen Prozeß ein, so erfährt man im Material einer Fülle von Geschichten und Reflexionen, was unser immer nur in der Bezogenheit auf andere Menschen zu denkendes Leben haltend wie fordernd, mahnend wie tröstend bestimmen kann – kurz: Der Leser lernt sich und sein Leben auf eine eigene Weise verstehen. Wie wir es jetzt umschrieben haben, klingt es dürr und notwendig formal. Sieht man aber, mit welch vitaler Bildkraft und Realitätsnähe es in den biblischen Geschichten konkret gesagt ist, in Sprache, Vorstellung und jeweiliger Situation damaliger Zeit, so stellt sich die Aufgabe, es ebenso vital in Sprache und Vorstellung unserer Gegenwart und also im Wandel unserer jeweiligen Situation konkret zu sagen.

Das Gesamtverständnis, das wir umrissen haben, ist anthropologisch bestimmt. Aber wie anders sollte es auch beschaffen sein? Wenn in der biblischen Überlieferung selbst der Mensch in seiner Wirklichkeit interessiert, dann kann ja auch nur die theologische Aussage Sinn haben, in der es darum geht, daß sie den Menschen *erreicht* und daß er sie *versteht*.[9] Alles andere ist eine Theologie im Sinne frommer Glasperlenspielerei, die der Wirklichkeit des Lebens fernbleibt. Ebenso ist sie von der Bibel selbst weit entfernt. Die anthropologische Orientierung theologischen Denkens ist kein Makel, sondern nur so hat Theologie überhaupt Sinn. Denn die Wahrheit ist geschichtlich. Macht man sie – etwa durch unübersetzte Wiederholung – ungeschichtlich, dann gilt *Martin Walsers* schöner Satz für jedes Wort in Predigt und Unterricht: »Das ist die Wahrheit. Allerdings auch nichts als die Wahrheit.«[10]

---

8   Für das Neue Testament hat das *H. Braun* präzise formuliert: »Das Neue Testament kann weithin nicht wörtlich verstanden werden; denn es ordnet sich in seinen Verstehensweisen der Umwelt ein; es umschließt im Kanon Aussagen, die als Vorstellungen untereinander unvereinbar sind; es zeigt damit, daß die späteren die früheren Schriftsteller schon innerhalb des Kanons nicht wörtlich nehmen«, in: *H. Symanowski* (Hg.), Post Bultmann locutum (1965), S. 11. Zur Problematik vgl. die ganze Diskussion *Braun – Gollwitzer* und auch *H. Braun*, Gottes Existenz und meine Geschichtlichkeit im Neuen Testament, in: *E. Dinkler* (Hg.), Zeit und Geschichte. Festschrift für R. Bultmann (1964), S. 399ff.
Für das Alte Testament vgl. *C. Westermann:* »Wir können nicht hinter die Erkenntnis zurück, daß die Worte und Geschichten, die vom 1. Mosebuch bis zum Propheten Maleachi aufgeschrieben sind, keine Fläche, sondern einen Weg darstellen. Wir können nicht hinter die Erkenntnis zurück, daß auf diesem Weg sich vieles gewandelt hat: die Sprache, die Formen der Gemeinschaft, in gewisser Weise das Denken und die Denkformen, das Verhältnis Israels zu der es umgebenden Welt«, in: *ders.* (Hg.), Probleme alttestamentlicher Hermeneutik (1960), S. 19.
9   Zum Problem der Wirklichkeit vgl. *W. Bernet*, Verkündigung und Wirklichkeit (1961), S. 1–16.
10 *M. Walser*, Das Einhorn (1966), S. 10.

III
Folgerungen für das Verständnis von Predigt und Unterricht

Auf dem Hintergrund der bisherigen Überlegungen sind Aufgabe und Gestalt des Religionsunterrichts und der Predigt in Grundzügen zu skizzieren.

1. Für den *Religionsunterricht* ergibt sich:
Jede Vorstellung, die dieses Fach gegenüber der Bildungsarbeit der Schule isoliert, also Inhalt und Aufgabe dieses Faches von der Frage nach Mensch und Welt heute abhebt, ist zu überwinden. Vielmehr geht es um die totale Integration des Religionsunterrichts in die Gesamtaufgabe der Schule: den Menschen in seiner Welt lebensfähig zu machen. Dabei ist es auch heute noch nicht überflüssig zu betonen, daß mit der Lebensfähigkeit des Menschen eine *säkulare* Situation gemeint ist, nicht aber jene Haltung, in der das Verhältnis zur argen Welt sich durch fromme Abwendung von eben dieser Welt ausspricht.
Solche Feststellungen scheinen lediglich Gemeinplätze zu wiederholen. Es wäre schön, wenn das stimmte. Aber die Beobachtung der Situation zeigt, daß die weitreichenden Folgerungen unserer These noch keineswegs gezogen sind. Wir führen unseren Gedankengang daher an einigen konkreten Einzelpunkten weiter.

a) Aus der Sicht des Religionsunterrichts innerhalb der Gesamtaufgabe der Schule folgt, daß auch in diesem Fach die pädagogisch-psychologische Problematik ihr volles Recht hat und uneingeschränkte Berücksichtigung fordert – nicht nur im Schatten theologisch-kirchlicher Prämissen, sondern eigenständig. Ja, von solcher Berücksichtigung hängt es überhaupt ab, ob Religionsunterricht Sinn hat. Sieht man jedoch z.B. viele Lehrpläne, Richtlinien oder Unterrichtshilfen an, so entdeckt man immer wieder, daß elementare psychologische Fragen unbeachtet bleiben. Psychologische Fragen haben in unserem Fach in aller Regel aber auch theologisches Gewicht. Der Mangel an psychologischer Reflexion fördert nicht nur die Wirkungslosigkeit des Unterrichts, sondern auch die theologischen Mißverständnisse.

b) In den pädagogisch-psychologischen Bereich gehören ebenso Fragen hinein, die den Stil und die Atmosphäre des Unterrichts betreffen. Stil und Atmosphäre können so beschaffen sein, daß der Unterricht trotz richtiger Stoffwahl erfolglos bleibt oder zu falschem Verständnis führt. Auf typische Weise war das an dem vielerorts geübten Brauch des Gebets zu Anfang und (oder) am Ende der Religionsstunde ablesbar. Hinter diesem Brauch verbirgt sich, oft unbewußt, eine Auffassung, die es auch nach der weitgehenden Abschaffung des Schulgebets noch gibt: Der Umgang mit der Bibel oder mit Inhalten des christlichen Glaubens geschieht auf einer anderen Ebene und in einer anderen Haltung als die Beschäftigung mit anderen Unterrichtsinhalten. Die Folge ist, daß beim Schüler genau das erreicht wird, was zu vermeiden uns notwendig erscheint: Der Eindruck, man befinde sich im Religionsunterricht in einer besonderen Situation, die stärker gottesdienstlich als schulisch bestimmt ist. Dann aber wird es auch um so schwerer gelingen, den jeweiligen Unterrichtsinhalt als auf die Realität des Lebens bezogen zu erkennen. Jedoch, wie wenig bedacht, ja wie tabugeladen im Bewußtsein der Öffentlichkeit und weithin auch der Kirchen eine solche Frage ist, hat die öffentliche Reaktion auf das Urteil des Hessischen Staatsgerichtshofes im Prozeß um das Schulgebet gezeigt.[11]

c) Der klaren Umschreibung bedarf in diesem Zusammenhang auch die Beziehung zwischen Religionsunterricht und Kirche. Noch immer scheint es aufgrund vieler einschlägiger Äußerungen so, als erfülle der Religionsunterricht eine kirchliche Aufgabe in der Schule. Das ist, schulgeschichtlich und schulpädagogisch gesehen, ein Denkmodell aus einer Zeit, in der die Schule noch ein »Kind« der Kirche war (um es hier bei dieser Umschreibung zu lassen). Heute aber kann, ja darf die Schule sich auf diese Beziehung nicht mehr einlassen, und zwar auch dann nicht, wenn sie sich offiziell als »christlich« bezeichnet.[12] Die Struktur der Gesellschaft, der Wandel der geistigen Situation und das Verständnis der pädagogischen Aufgabe – auf welche sämtlich die Schule in ihrem Selbstverständnis bezogen ist – verbieten es, die Schule für kirchliche Zwecke zu beanspruchen. Erst wo das erkannt ist, entsteht für den Religionsunterricht eine freie und konkrete Beziehung zur Kirche. Die Kirche kommt dann im Zusammenhang des Umgangs mit der Überlieferung in den Blick, die zugleich für den Unterricht wie für die Predigt eine Rolle spielt, und als zu bedenkender Ort, an dem heute gepredigt wird. Insofern ist die Kirche von Fall zu Fall selber Unterrichtsgegenstand[13], doch ist der Schulunterricht nicht in die Kirche »eingebettet«.[14]

---

11 Die ausführliche Urteilsbegründung ist abgedruckt in: Recht der Jugend 13 (1965), S. 319ff.
12 Vgl. *H. Stock*, Schule und Christentum – Fragen zum niedersächsischen Schulgesetz, in: THP 1 (1966), S. 132ff.
13 Die konkreteste Zuspitzung dieser Frage ist die Auseinandersetzung um den Religionsunterricht in Bremen, vgl. dazu das Urteil des Bremischen Staatsgerichtshofes vom 23. 10. 1965 (s. Anm. 11); außerdem: *H. Stock*, Jenseits von Konfessionalismus und Neutralismus, in: *R. Bohnsack* (Hg.), Gottes Wort in der Evangelischen Unterweisung (1965), S. 260ff. Siehe auch unten Kap. 3.1.
14 Hier ist auch auf *Christian Hartlichs* ausführliche Auseinandersetzung mit meinen Gedanken hinzuweisen: Kritische Fragen zu Gert Ottos Konzeption des Religionsunterrichts, in: Der Ev. Erzieher 18 (1966), S. 175ff. Besonders interessieren in unserem Zusammenhang die Abschnitte I bis III (auf Abschnitt IV wäre gesondert einzugehen), in denen *Hartlich* scharfsinnige Kritik an meinem Buch »Schule – Religionsunterricht – Kirche« (1968³) übt. Sie gipfelt im Blick auf das Fach wie den Lehrer in der Feststellung, daß in meinen Überlegungen konsequenterweise »die Konfessionalität des Religionsunterrichts als etwas Fremdes, ... Ungemäßes« (S. 182) erscheinen müsse. Demgegenüber fordert *Hartlich*, an der Konfessionalität festzuhalten, »ineins mit dem Bewußtsein, daß er (sc. der Religionsunterricht) in der Schule als ein Fremdling dasteht« (ebd.).

d) Die bisherigen Gesichtspunkte waren Beispiele für die notwendige Abwehr verzerrender Einflüsse. Will man eine erste, hier noch bewußt formal bleibende Umschreibung wagen, so ist vor allem festzuhalten: Im Religionsunterricht geht es um anspruchsvolle Sprache in mannigfachen Zeugnissen. Damit ist einerseits die biblische Überlieferung, andererseits die von ihr nicht unabhängig zu denkende sprachliche Überlieferung unseres Kulturkreises gemeint.[15] Aufgabe und Gestalt des Unterrichts ergeben sich aus der pädagogisch-psychologisch reflektierten Beziehung zwischen Schüler und Inhalt und aus der Sachstruktur des Inhalts. Hier liegen die Kriterien, aber sie sind nicht aus Einflüssen abzuleiten, die aus anderen Quellen bestimmend werden.

2. Für die *Predigt* ergibt sich aus unseren grundsätzlichen Überlegungen:
Ihre Aufgabe besteht darin, dem heutigen Hörer verständlich zu sagen, wie er leben kann. Dabei kann und darf vom Hörer nicht verlangt werden, daß er religiöse Vorgaben irgendwelcher Art einbringt. Der Preis des Verstehenkönnens ist nicht die vorhergehende Zustimmung zu irgendwelchen religiösen Vorstellungen. Vielmehr besteht die Aufgabe der Predigt gerade darin, die Zahlung dieses Preises als überflüssig zu erweisen.
Das bedeutet im einzelnen:
a) Die Predigt muß, wenn sie ihr eigenes Genus erreichen und ihre Aufgabe am Hörer erfüllen will, mehr als Exegese sein.[16] Sie muß quantitativ wie qualitativ einen Schritt weitergehen. Viele Predigten lassen den Hörer deswegen kalt, weil sie eine, mitunter durchaus ordentliche, popularisierte Exegese darbieten. Das ist ein grundlegendes Mißverständnis der Situation wie der Aufgabe. Die Exegese vermag – wo sie gelingt – die genaue historische Klärung des Textes zu leisten. Wenn sie ihr Ziel voll erreicht, ist unter Beachtung aller Form-, Traditions- und Redaktionsprobleme die Frage beantwortet: Was hat der Verfasser des Textes seinen *damaligen* Hörern gesagt? Der heutige Predigthörer aber ist nicht mit dem ursprünglichen Hörer oder Leser zu identifizieren, sondern konsequent in seiner vollen Distanz zur damaligen Situation zu sehen. Dann nämlich taucht die spezifisch homiletische Aufgabe überhaupt erst auf. So muß die

---

Hartlich bemerkt richtig, daß meine Thesen hinsichtlich der Frage der Konfessionalität folgenreicher sind, als ich es seinerzeit ausgesprochen habe. Das hat seinen einfachen Grund darin, daß mir manche Konsequenzen erst im Laufe der Zeit deutlicher geworden sind. Diese Tatsache hat mich freilich – im Gegensatz zu *Hartlichs* Intentionen – in meinem Ansatz nur noch bestärkt, weil ich glaube, daß die übliche unreflektierte Vorordnung des konfessionellen Gesichtspunktes im Religionsunterricht der Überprüfung bedarf.
15 Vgl. *R. Leuenberger,* Der evangelische Religionsunterricht im Lehrkanon der höheren Schule, in: Pädagogische Rundschau, 1. Beiheft (1965), S. 55ff.
16 Dieses Interesse leitet auch *G. Ebeling* in seiner Unterscheidung zwischen »Auslegung« und »Ausführung«, vgl. ders., Wort und Glaube (1960), S. 347. – Vgl. auch *W. Jetter,* Die Predigt und ihr Text, in: MPTh 54 (1965), S. 449: »Aber Textauslegung als Aufgabenstellung für die Predigt preßt sie in eine zu enge und zu vordergründige Struktur.«

entscheidende Schlüsselfrage, die aus dem Umkreis der Exegese herausführt, lauten: *Wie* muß *heute* gesprochen werden, und *was* muß *heute* gesagt werden, damit der heutige Hörer etwas dem ursprünglich Gemeinten *Entsprechendes* gesagt bekommt? In aller Konsequenz bedeutet das: Die Predigt spricht *anders* und sagt *anderes* als die Exegese. So hält sie der Exegese die Treue.

b)   Wie kommt die Predigt auf diesen Weg? Indem der Prediger seine exegetischen Erkenntnisse und die Welt- und Menschenkenntnis seiner Gegenwart in einen Dialog miteinander führt. Von der Vitalität dieses Dialogs hängt alles ab. Daß er so oft scheitert, versandet oder steckenbleibt, läßt viele Predigten zu steril-historischen Monologen werden. Am Material von Zeit und Leben will die exegetisch ermittelte Textaussage neu artikuliert werden, um predigtfähig zu werden. Dieses Material von Zeit und Leben empfängt der Prediger weithin nicht direkt aus der Theologie und auch nicht durch Selbstbespiegelung. Er gewinnt es aus dem Kontakt mit Menschen – zumal mit unkirchlichen – und mit den Manifestationen des Geistes seiner Zeit, d.h. mit Literatur, Philosophie und Kunst. Fast möchte man sagen: Für die Predigt sind die »nichttheologischen« Faktoren entscheidend. Wer mit anderen Menschen unverstellt und solidarisch lebt und sich mit *Gottfried Benns* oder *Nelly Sachs', James Joyce'* oder *Bert Brechts,* mit *Max Frischs* oder *Reinhold Schneiders* Weltaussage auseinandersetzt, der kann – um Beispiele zu nennen – nicht mehr unbedacht vom Jenseits reden, mit mythischen Kategorien unreflektiert umgehen und religiöse Ziergärten pflegen. Was wird er zu tun genötigt sein? Er muß den Text mit seinem ganzen Vorstellungsmaterial so in das Material eigenen Lebens einschmelzen, daß der Horizont eigener Zeit, unserer Welt, gegenwärtigen Menschseins verbindlich angesagt werden kann. Solche Predigt ist dann alles andere als religiöse Rede. Sie hat ihre Eigenart nicht im Gebrauch biblischen Vokabulars, sondern sie spricht die Sprache – nicht den Jargon! – des Menschen unserer Zeit. Das heißt: Der Prediger spricht *seine* Sprache – und wird frei, weil er sich nicht mehr in alte Sprache verklemmt.[17]

c)   Versteht man die Predigt so, dann wird sie zum primären Ort, an dem die Wandlungen Gottes[18] und des Glaubens geschehen, indem sie ausformuliert werden. Wir wollen uns nichts vormachen: Es handelt sich um wirkliche Wandlungen, nicht nur um den Austausch von Begriffen oder Vorstellungen. Wenn etwas wirklich neu *gesagt* wird, dann *ist* es immer auch etwas *Neues.* Nimmt man den Menschen als Adressaten ernst, dann kann man nicht unter Verweis auf statisch verstandene Ewigkeitswerte über solche Wandlungen, Verwandlungen trauern, sondern dann muß

---

17   Vgl. *M. Mezger,* Verkündigung heute. Elf Versuche in verständlicher Theologie (1966), bes. S. 5ff. und 52ff.; *ders.,* Redliche Predigt, in: *E. Dinkler* (Hg.), Zeit und Geschichte. Festschrift für *R. Bultmann* (1964), S. 423ff.
18   Der Begriff der Wandlungen Gottes stammt von *R. Bultmann.*

man sie wahrnehmen. Denn letztlich liegt allein in ihnen unsere Möglichkeit des Glaubens. Wäre die Struktur von Sprache und Glauben – in ihrer Bezogenheit ruht und lebt das Problem – anders, so wäre jedenfalls für uns heute der christliche Glaube kein Thema mehr, denn wir sind keine spätantiken Menschen mehr. Diese Konsequenz muß man sich klarmachen, wenn man den Abschied, den gewiß für viele oft schmerzlichen Abschied, von überkommenen religiösen Vorstellungen betrauert. Letztlich gibt es nur ein Entweder-Oder: Entweder halten wir an alten Vorstellungen fest und ziehen damit aus unserer Welt aus; da man dies nicht kann, bedeutet diese Möglichkeit ein Ja zum fiktiven Leben. Oder wir sagen ja zu den Wandlungen, in denen sich zu aller Zeit menschliches Leben realisiert hat, und gehen so in steter Neufassung überkommenen Glaubens den Weg ins Offene des Glaubens wie der Welt.

d) Angesichts dieser Situation des Menschen und dieser Aufgabe der Predigt ist insbesondere noch ein Moment zu nennen, das aufgrund mancher historischer Belastung zwar leicht mißverständlich, aber unaufgebbar ist. Wenn die Predigt den Weg immer neu artikulierter Wandlungen mit dem Hörer geht, dann muß sie sich auch bewußt als ein didaktisches Phänomen verstehen. Der Hörer soll die Wandlungen nicht nur begreifen, er soll auch selbst zu ihnen fähig werden. Dazu muß die Predigt zu ihrem Teil *anleiten*. Das heißt gar nicht, daß lehrerhaft gepredigt werden sollte, wohl aber – als erstes –, daß der Hörer das Vorgehen des Predigers durchschauen können muß. Folglich spielen in der Predigt Argumente eine entscheidende Rolle. Landläufig stehen aber an der Stelle der Argumente nicht selten ungedeckte Behauptungen. Zum anderen sollte es die Predigt beim Hörer ermöglichen, den Gedankengang im eigenen Leben, im individuellen Erfahrungsbereich hier oder da gleichsam fortzusetzen. Das setzt ein Stück Anleitung zum Weiterdenken voraus. Diese Aufgabe kann weitgehend implizit erfüllt werden, gelegentlich sollte sie jedoch auch explizit aufgenommen werden. Wohlverstanden, dieser didaktische Aspekt der Predigtaufgabe hat nichts mit schulmeisterlich-pädagogisierender Rede zu tun, sondern er ergibt sich notwendig aus der Mündigkeit des Hörers.[19]

IV
Der biblische Text als Voraussetzung für Predigt und Unterricht

Für die Predigt wie für den Unterricht drängt sich nunmehr gleichermaßen eine Frage auf: Wenn es doch hier wie dort um einen derart radikalen

---

19 Zur Predigt als pädagogischem Phänomen vgl. die Diskussionsthesen einer Arbeitsgruppe in: *G. Otto / I. Röbbelen / H. Scheuerl*, Neue Beiträge zum Thema Erziehung und Verkündigung (1960), S. 33ff.

Übersetzungsprozeß in gegenwärtige Welt und gegenwärtiges Leben hinein geht, ist dann heute für den Schüler wie für den Hörer die explizite Bezugnahme auf den biblischen Text nicht eher hinderlich als verständnisfördernd? Sollte man den alten, fernen Text nicht ganz beiseite lassen und statt dessen lieber Näherliegendes aufgreifen?

Dieser Frage muß man standhalten, auch wenn sie gegen alle Grundsätze der neueren Theologiegeschichte zu laufen scheint. In der Tat dürften doch zum Beispiel heute viele Predigthörer nicht in der Lage sein, den Zusammenhang zwischen der Predigt und ihrem Text zu durchschauen. Und ist nicht, gemäß unserem Thema, viel eher der Mensch und seine Geschichte der »Text«, den zu verstehen es gelten sollte?

Jedoch, hier werden alle Antworten falsch, die von Alternativen leben. Das radikale Plädoyer für den Text in jeder Lebenslage kann nichts anderes als Biblizismus sein, auch bei vermeintlich modernster Theologie. Aber die rasche Preisgabe des alten Textes um eines vermeintlich kürzeren Anmarschweges willen muß sich noch immer auf offene oder versteckte Schwärmerei befragen lassen. Die Lösung der Probleme liegt zwischen den Alternativen – nicht weil Kompromisse schön sind, sondern weil die »Wirkungsgeschichte« *(H. G. Gadamer)* der biblischen Überlieferung in die Mitte zwischen den Alternativen weist.

1. Wir verfolgen unsere Frage wiederum nacheinander im religionspädagogischen und im homiletischen Bereich und setzen mit Überlegungen zum *Unterricht* ein.

Gerade wenn der Mensch und seine Geschichte der »Text« ist, den zu verstehen es gelten soll, wird man in unseren Landen auf den biblischen Text nicht verzichten können. Das ist nicht im Interesse formaler Ausschließlichkeit gemeint, sondern in prinzipieller inhaltlicher Hinsicht.

Die Aufgabe der Schule, den Menschen in seiner Welt lebensfähig zu machen, und das Grundthema der biblischen Überlieferung, der Mensch in seiner Welt, sind inhaltlich nicht fern voneinander. Es ist notwendig und sinnvoll, daß der Schüler mit biblischen Texten befaßt wird, weil Menschen in unserem Kulturkreis ihr Sein in der Welt an kaum einem anderen Material derart intensiv »eingeübt« haben wie gerade an diesem. Es kommt hinzu, daß sich die biblische Überlieferung direkt wie indirekt bis heute als derart sprachkräftig erweist, daß der Unterricht nicht an ihr vorbeigehen kann. *Robert Leuenberger* hat das überzeugend herausgearbeitet: ». . . Die Sache des Christentums ist sprachmächtig im umfassendsten und tiefsten Sinn des Wortes. Darin, wie sich ihre Sprache in einem ununterbrochenen Prozeß geschichtlicher Bewährung geprägt, wieder geöffnet und verwandelt und von Generation zu Generation, von Sprachraum zu Sprachraum immerfort weiter übersetzt hat, wie sie im jeweiligen Durchdringen aller geschichtlichen . . . Phänomene . . . diese Sprache unendlich bereichert hat . . ., darin ist die Sprachmächtigkeit des Christentums unter den Bildungskräften unserer Zeit durchaus einzigartig, und

der Verzicht auf sie käme einer unermeßlichen Verarmung gleich.«[20]
Wer jedoch diese Tatsachen als biblizistische Rechtfertigung verwendet, wie es im biblischen Unterricht und seiner Planung nicht selten der Fall ist, verfällt in ein unsinniges Extrem. Unsinnig, weil er den biblischen Text formal-philologisch statt vital-geschichtlich nimmt. Das Thema Mensch und Welt und die Wirkkraft wie die Eigenart der biblischen Überlieferung verweisen in eine andere Richtung. Von der Bibel und ihrem Verständnis reden heißt von ihrer Auslegung in der Geschichte reden. Von ihrer Auslegung reden heißt in die sprachlich-historische Vielstimmigkeit gestern und heute verwiesen werden. *Robert Leuenberger* spricht mit Recht von der Sprache des Christentums, und nicht nur der Bibel. Nur wer diesen Weg mitgeht, wird des Grundthemas Mensch und Welt gewahr. Andernfalls endet er – auch bei Beachtung moderner exegetischer Einzelerkenntnisse! – in einem Biblizismus, der für den Unterricht nicht minder bedenklich ist als in anderen Bereichen.
Konkret ergibt sich aus dem Hinweis auf die Auslegung in der Geschichte ein neues Verhältnis zwischen biblischen und »nichtbiblischen« Inhalten im Religionsunterricht, aber auch zwischen dem Religionsunterricht und allen anderen Fächern. Dieses Verhältnis ist durch die Vitalität und die Reichweite der Auslegung durch jeweils verstehende (und mißverstehende!) Menschen in die Welt hinein charakterisiert. Die Hauptlinien[21] dieser vielstimmigen Auslegung bis in die Gegenwart lassen sich folgendermaßen zusammenfassen:
a) Auslegung und Verkündigung der Bibel haben in dem uns primär betreffenden Bereich in die faktische Geschichte der Menschen hineingewirkt und Entscheidungen und Gestaltungen bestimmend beeinflußt. Mannigfache historische *Quellen* – vergangene und gegenwärtige – belegen diese Wirkung.
b) Unter der Wirkung von Auslegung und Verkündigung der Bibel denken Menschen immer neu über Gott, Glauben und Bibelverständnis nach. So wandeln sich Vorstellungen und Verständnisse ebenso wie die Frömmigkeit. Theologie- und Frömmigkeitsgeschichte bezeugen in ihren *Quellen* – vergangenen und gegenwärtigen – diesen Weg.
c) Das Nachdenken des Menschen über sich selbst, über die Welt, seine Stellung in und zu dieser Welt ist unter dem Einfluß biblischer Auslegung und Verkündigung geschehen. Die Geschichte der Philosophie wie der Dichtung spiegelt in ihren *Quellen* – vergangenen und gegenwärtigen – diesen Weg.
Ohne diese Quellen im Sinne von »Konkretionen«, d.h. ohne den Griff in

---

20 R. *Leuenberger*, aaO. S. 60f.; vgl. auch *M. Stallmann*, Christentum und Schule (1958); *G. Otto*, Schule – Religionsunterricht – Kirche (1968³).
21 Vgl. *G. Otto*, Handbuch des Religionsunterrichts (1967³), S. 256ff.294ff.326ff., auch S. 116ff.; *ders.*, Biblisches Wort und weltlicher Text, in: Der ev. Religionslehrer an der Berufsschule 13 (1965), S. 95ff.

die Geschichte bleibt die Bibel letztlich stumm. In der Beachtung dieser Geschichte und der konsequenten Aufnahme ihrer Quellen in den Unterricht liegt eine eminente pädagogische Hilfe. Die genannten Quellen gehören zur Bibel und ihrem Verständnis und haben daher für den Unterricht gleichen Rang wie biblische Texte. Indem der älter werdende Schüler gewahr wird, wie sich in der Geschichte Menschen vielfältig der biblischen Überlieferung angenommen, sie verstehend oder mißverstehend in ihrer geistigen Situation rezipiert haben, kann er in die Einsicht hineinwachsen, daß es auch für ihn um eine solche verstehende Rezeption in *seiner* Situation geht. Die immanente didaktische Frage lautet: Wir lesen heute biblische Texte, die sich je und je in die Welt und in die Geschichte hinein »expliziert« haben, und diese Explikationen liegen uns ebenso zur Lektüre vor wie die Bibel, ja sie gehören zu ihr – wie können wir mit geschehenen Explikationen umgehen, um an ihnen Hilfe für die Reichweite gegenwärtigen, konkreten, *eigenen* Verstehens zu gewinnen? Sehen wir die didaktische Grundsituation so, dann stehen Bibeltext und nichtbiblische Quelle nicht im Gegensatz zueinander, sondern sie fordern sich gegenseitig. Eine sekundäre didaktische Frage ist es dann, ob von Fall zu Fall der biblische oder nichtbiblische Text der primäre »Unterrichtsgegenstand« ist. Der Weg der Auslegung der Bibel und die Aufgabe gegenwärtiger Auslegung verbinden sich von der einen oder der anderen Seite her – freilich nur dann, wenn in ganz anderem als bisher gewohntem Maß nichtbiblische Texte verschiedenster Art in den Religionsunterricht hineingenommen werden.
Es liegt auf der Hand, daß diese Berücksichtigung der Wirkungsgeschichte des biblischen Wortes die anthropologische Dimension im weitesten Sinne in den Unterricht einbringt. Die nicht zur Ruhe kommende Frage nach dem verstehenden Menschen in der Geschichte erschließt die Aussage des Textes in seiner Gestalt und seiner Reichweite. Zugleich taucht damit, auf anderer Ebene, wiederum ein schon einmal genanntes, lange zu Unrecht im Religionsunterricht vernachlässigtes Problem auf: die psychologische Überlegung, *wie* Schüler der verschiedenen Altersstufen Welt und Mensch – d.h. die *Rede* von Welt und Mensch und zugleich: sich selbst in ihrem In-der-Welt-Sein – erfahren.

2. Wie aber sieht es für die *Predigt* aus? Kann all das auch Predigttext werden, was »Unterrichtsgegenstand« werden kann? Oder im Anschluß an frühere Überlegungen: Kann der Übersetzungsprozeß, der zur Predigt führt, auch zum Verzicht auf den Bibeltext oder zu seinem Ersatz durch einen anderen Text führen?
Die Antwort ist komplizierter, als es auf den ersten Blick scheint.[22] Jedenfalls ist nichts damit getan, unter dem Schlagwort »Textpredigt« den heute gängigen Brauch für sakrosankt zu erklären. Denn bei aller Hochschät-

---

22 Ausführlich dazu *W. Jetter,* aaO. S. 406ff., bes. S. 434ff.

zung der Bindung jeder Predigt an ihren Text wird man gerade hier mit kritischen Beobachtungen und Bemerkungen einsetzen müssen.

Das gängige und weithin praktizierte Verständnis der »Textpredigt«, das sich im Gegenschlag zu einer anfechtbaren, weil willkürlichen homiletischen Freizügigkeit in der Vergangenheit entwickelt hat, hat seine Schwäche darin, daß die Bindung an den einzelnen Predigttext den Prediger nicht selten in der Exegese steckenbleiben läßt und ihn nicht in die oben für die Predigt beschriebene Weite und Reichweite des freien Wortes gelangen läßt. Woran liegt das? Der Hauptgrund dürfte im Mißverständnis der *Funktion* des Textes für die Predigt zu suchen sein. Diese Funktion ist im gängigen Pastorensprachgebrauch folgendermaßen ausgedrückt: »Ich predige heute Joh 2,1–11« oder »Ich predige über Lk 2,1–20«. Bei solcher Auffassung ist die Predigt exegetische Explikation eines Textes. Tut der Prediger anderes oder darüber Hinausgehendes, so wird er eigentlich schon seinem eigenen Ansatz untreu, auch wenn die Predigt gelingt. Die Stellung des Textes zur Predigt ist zweifach charakterisiert: Einerseits hat der Text als »Perikope«, als Einzeltext, seine Bedeutung für die Predigt, andererseits geht es dabei unvermeidlich um den Versuch, den Text an seinem fernen Ort, also historisch zu erfassen. Nun kann aber der einzeln genommene und historisch gesehene Text die Predigt nie zu ihrer gegenwärtigen Aufgabe kommen lassen. Dies gelingt erst, wenn man die Funktion des Textes neu und anders bestimmt, als es im gängigen Verständnis der Textpredigt der Fall ist.

In der Predigt sollen nicht Texte gepredigt werden, sondern ein jeweiliger Text soll zur Predigt anleiten. Das ist die Funktion des Textes: *Anleitung zur Predigt*.[23] Damit ist der Weg der Predigt in zweierlei Weise geöffnet. Einerseits ist das Übergewicht des Einzeltextes für die Predigt reduziert. Weder exegetisch noch homiletisch ist es nämlich verantwortbar, sich derart, wie es heute oft geschieht, auf die Aussage eines Textabschnitts zu fixieren. Denn sinnvolles Textverständnis ist doch gerade darauf angewiesen, aus der Vereinzelung des Textes herauszuführen. Bemühung um Verständnis eines Textes und dessen Vermittlung kommt ja erst zum Ziel, wenn die Perikope im Dialog mit der über sie hinausreichenden Aussagenfülle gelesen wird.[24] Andererseits heißt predigen gerade nicht formal beim Text bleiben, sondern rechtverstanden sich *durch* den Text über den Text hinausführen lassen, um den verstehenden Menschen *heute* zu errei-

---

23 Diese These überschneidet sich mit Gedanken *W. Jetters*, aaO. S. 445: Das Neue Testament »hat sein Christusbekenntnis zu diesem gekreuzigten und auferweckten Jesus von Nazareth präzisiert, festgehalten und verschlüsselt, und es leitet uns an, auch die ganze widerfahrene Lebenswirklichkeit, die ganze Welt mit diesem Schlüssel des Glaubens zu entschlüsseln und zu bestehen.«

24 Das ist das berechtigte Interesse der Darlegungen von *D. Rössler*, Die Predigt über alttestamentliche Texte, in: *R. Rendtorff / K. Koch* (Hg.), Studien zur Theologie der alttestamentlichen Überlieferungen (1961), S. 153ff.; *K. Koch*, Das Verhältnis von Exegese und Verkündigung anhand eines Chroniktextes, in: ThLZ 90 (1965), Sp. 659ff.

chen und ihm gerecht zu werden. Denn er ist ja der Angeredete. Um sein Leben geht es, um seine Welt.
Natürlich sind solche Überlegungen nicht etwa ein Freibrief für weniger sorgsame Exegese. Sie stellen vielmehr eine Intensivierung der homiletischen Besinnung zwischen sorgsamer Exegese und auszuarbeitender Predigt dar.
Aber noch einmal: Ist denn jener Umweg über die Hürden des historisch fernen Textes für die Predigt nötig? Muß man so weit zurückliegend einsetzen, könnte man seinen Ausgangspunkt nicht unmittelbarer, näher bei uns liegend nehmen, sei es ohne Text, sei es bei einem anspruchsvollen modernen Text?
Richtet sich die Frage auf den Ausgangspunkt der konkreten Predigt, so ist sie unumwunden mit ja zu beantworten. Es ist kein Gesetz der Meder und Perser, daß jede Predigt mit einer Textverlesung oder mit einer unmittelbar textbezogenen Argumentation zu beginnen hätte. Im Gegenteil, hier spricht alles dafür, beweglicher zu werden. Aber die Grundfrage ist ja damit allenfalls am Rande tangiert.
Die Bindung der Predigt an den Text ist jedoch, gerade wenn man die Predigt in einer ganz anderen Freiheit der Aussage, ja auch Freiheit vom Text sehen möchte, in dem entscheidenden Punkt unaufgebbar. Was immer der Prediger sagt, er muß es vor Intention und Aussagewillen – nicht Vorstellungsmaterial und Aussageweise – biblischer Überlieferung rechtfertigen können. Das ist ganz gewiß häufig weniger im materialen, sondern mehr im prinzipiell-hermeneutischen Sinn gemeint. Die Freiheit, ja die Kühnheit, heute Treffendes und Verständliches zu sagen, im weiten Abstand zu biblischen Aussageformen und -inhalten, leitet sich aber nicht aus unserem Willen ab, sondern wir sind zu ihr genötigt, weil wir sie aus dem Umgang der frühesten Zeugen mit der Überlieferung des Glaubens als zum Glauben und seinem Lebensverständnis zugehörig erkennen. Predigt kann nicht gelingen, wenn man sich diesen Zusammenhang als Prediger nicht immer wieder, d.h. für jede einzelne Predigt, vergegenwärtigt. Insofern führen alle Wege zurück zum Text, und zwar gerade indem und insoweit sie über ihn hinausführen. Aber wohlverstanden: Das ist mehr eine Aussage über das, was man die homiletische *Grundstruktur* nennen könnte, weniger eine Aussage über die Gestalt der Predigt. Im Bereich der *Predigtausführung* würden wir vermutlich oft bibelnäher sein, wenn wir den Mut zu größerer Freiheit vom Text hätten, die der Text selbst gewährt. Textferne ist dabei wiederum nicht der Freibrief, dem Text gar nicht erst nahekommen zu müssen, sondern die Aufforderung, weit genug über ihn hinauszukommen; das »über den Text hinaus« umschreibt die Welt, in der der heutige Predigthörer lebt.
Unter der Hand lassen sich aus diesen Überlegungen auch einige – nicht alle! – Unterschiede zwischen *Predigt und Unterricht* ableiten. Der Intention des Bibelwortes, sich in Zeit und Welt hinein zu explizieren – in der ganzen Tragweite, die wir angedeutet haben –, gilt es hier wie dort zu fol-

gen, denn hier wie dort wird gegenwärtiges Verstehen intendiert, wenn auch in einem jeweils wesentlich anderen Gesamtzusammenhang (Zeitmaß, Situation, Ort, Stil, Verfahrensweisen). Die *didaktische* Aufgabe der Schule hat aber dabei in ihrem Zentrum vieles, was nicht im Zentrum, sondern in der Vorbereitung der Predigt beheimatet ist: exegetische Arbeit und die Verfolgung historischer Stationen des Weges, den das Wort durch Zeit und Welt nimmt, wobei andere Texte für den Unterricht wichtiger werden können als der Bibeltext. Die *homiletische* Aufgabe wiederum hat vieles in ihrem Zentrum, was zwar für die Schule nicht grundsätzlich ausgeschlossen ist, aber doch nicht das Profil des Unterrichts bestimmt: das appellative Moment der Rede etwa, was ja keinesfalls etwas nur Formal-Rhetorisches ist, oder die Beziehung der Predigt auf einen liturgischen Vollzug – wie ausgebaut auch immer –, was ebensowenig nur etwas Organisatorisches ist, sondern für die Predigt etwas Wesensbestimmendes. Das den Unterricht regierende Gesetz »sachlicher Vermittlung« und die daher distanziertere Umgangsweise mit dem Inhalt haben in der Predigt keine unmittelbare Entsprechung.

Wir haben nach der Grundthematik des Religionsunterrichts und der Predigt gefragt und haben uns dabei von der Formel »Der Mensch in seiner Welt« leiten lassen, weil der Mensch im Mittelpunkt des Interesses der biblischen Überlieferung steht. Dieses Grundthema half uns im Versuch, Verständnis, Aufgabe und Situation der Predigt wie des Unterrichts zu umschreiben. Was einseitig anthropologisch orientiert klingt, erwies sich als theologisch relevant. Daß dies so ist, ist uns durch mangelnde Konsequenz in der theologischen Arbeit und durch immer wieder zu beobachtende Verhaftung an traditionelle Weisen religiöser Rede nur zu oft verdeckt. Aber nur wenn es gelingt, diese Decke vergangener Religiosität zu durchstoßen, hat Theologie einen Sinn. Nur dann hilft sie die *biblische* Aufgabe erfüllen, nämlich dem Menschen je seiner Zeit in seiner Sprache und seinen Vorstellungen, also am Material *seiner* Welt zu sagen, was Leben heißt und wie man sein Leben bestehen kann. Und andererseits hat auch nur in diesem Horizont Religionsunterricht einen Sinn, weil er sich an Menschen richtet, die aus heutigem Weltverständnis leben – und leben müssen. Was wir meinen, ist überzeugend in einem Wort *Reinhold Schneiders* in seinem Tagebuch »Winter in Wien« zusammengefaßt, einem Wort, das in seiner Umkehrung geläufigen Denkens heilsam provoziert:
»Nur die bestandene zeitliche Wahrheit verwandelt sich in die Zeichensprache der ewigen.«[25]

---

25 R. *Schneider*, Winter in Wien (1960³), S. 96.

1
Was heißt Religionspädagogik?

**1.0
Vorbemerkung**

Der Begriff »Katechetik« ist heute einerseits durch den weiten Begriff der Religionspädagogik, andererseits durch die spezialisierten Fragestellungen der Fachdidaktik des Religionsunterrichts abgelöst. Bis weit in die sechziger Jahre hinein war er mit einer bestimmten Profilierung gängig. Er mußte nicht aus einfachen Benennungsgründen, sondern aufgrund inhaltlicher Entscheidungen überwunden werden, um den Gegenwartsaufgaben der Religionspädagogik gerecht werden zu können.
Nach *Henning Luthers* Analysen[1] setzt dieser Prozeß mit meiner Hamburger Antrittsvorlesung unter dem Titel »Implizite und explizite Katechetik« im Jahre 1961 ein. Wesentlich gekürzt kann sie somit auch den Ausgangspunkt der gegenwärtigen Darstellung abgeben. Gleichwohl ist dabei immer im Sinn zu behalten, daß es sich um Formulierungen handelt, die rund fünfundzwanzig Jahre zurückliegen. Aber so anzusetzen dürfte für die sich anschließenden Erörterungen gerade instruktiv sein, weil damit im Ausschnitt der nachfolgende Erkenntnisweg deutlich werden kann.
Wie sich die Frage nach einem neuen Verständnis von Religionspädagogik unter den gewandelten Bedingungen der Gegenwart stellt, wird in Kapitel 1.2 dargelegt. Von hier aus öffnet sich der Blick in die anschließenden Überlegungen.

**1.1
Die Überwindung der Katechetik**

I
Das herkömmliche Verständnis der Katechetik

Katechetik im Sinne eines theologischen Studienfaches ist verhältnismäßig jung. Aber die Ansätze der heute verhandelten Probleme reichen weit zurück bis in die Alte Kirche. Der Weg von diesen Ansätzen zur gegenwärtigen Problematik schließt eine entscheidende, folgenschwere Wandlung ein. Katechesen sind ursprünglich Veranstaltungen für *nichtgetaufte*

---

1 *H. Luther,* Religion, Subjekt, Erziehung (1984), S. 22ff.

Erwachsene vor ihrer Taufe. In dem Maße, in dem sich die Kindertaufe einbürgert, wandelt sich das Bild. Katechesen werden Veranstaltungen für *getaufte Kinder nach ihrer Taufe.* Von dieser Wandlung her profiliert sich das herkömmliche Verständnis der Katechetik.
Will man sich vergewissern, welcher Fragenkreis in der Katechetik bis heute für zentral gehalten wird, so wird man am besten in möglichst verschiedenartige Bereiche hineinschauen. Die Auswahl der als Katechetik angebotenen Lehrveranstaltungen in den Theologischen Fakultäten, die als Katechetik bezeichneten Teile der Handbücher der Praktischen Theologie, die Veranstaltungen, Kurse und Tagungen der Katechetischen Ämter der einzelnen Landeskirchen – sie alle ermöglichen eine relativ klare Antwort auf die Frage, was herkömmlich unter Katechetik verstanden wird: Es geht primär um die *Lehre vom kirchlichen Unterricht für Kinder.* Die Wirklichkeit, die der Katechetik als Wissenschaft vorgegeben ist und der sie sich zuwendet, ist offenbar: Kind und Unterricht. Natürlich wird dieses Verständnis gelegentlich durchbrochen; es gibt Ausweitungen; aber die allgemeine Tendenz ist unverkennbar. Zu ihr gehört auch, daß man es in einem erstaunlichen Maße für möglich hält, Unterricht von Erziehung zu isolieren und Unterricht der Kirche unabhängig von Unterricht in anderen »Fächern« und Bereichen zu betrachten. In welchem Maße innerhalb der Katechetik das Unterrichtsgeschehen und Unterrichtsverfahren noch dazu in großzügiger Unabhängigkeit von neueren pädagogischen Forschungen und Erkenntnissen betrachtet wird, wäre einer Einzeluntersuchung wert, mag aber hier auf sich beruhen. Jedenfalls scheint es trotz aller Gefahren, die in solcher Verallgemeinerung liegen, erlaubt, die These aufzustellen: Das herkömmliche Verständnis der Katechetik entspricht weitgehend einer Didaktik und Methodik des kirchlichen Unterrichts. Im Blickfeld liegt das unterrichtsbedürftige Kind.
Nun geht es jetzt gar nicht in erster Linie darum, ob dieses Verständnis von Inhalt und Aufgabe der Katechetik »richtig« oder »falsch« ist. Es ist in jedem Fall historisch verständlich. Denn wir sahen ja: Mit der Kindertaufe gerieten an die Stelle der zu unterrichtenden Erwachsenen Kinder, die aufgrund der Taufe des Unterrichts bedürfen. Kinder – so muß man allerdings sofort hinzufügen –, über deren *Kindsein* und dessen Bedeutung *theologisch* meist nur sehr wenig nachgedacht worden ist. Das gehört mit in den Ansatz des herkömmlichen Verständnisses von Inhalt und Aufgabe der Katechetik hinein. Der ganze Ansatz spiegelt sich in den Begriffsbestimmungen der Katechetik bei älteren wie neueren Autoren, z.B. sowohl bei *Christian Palmer, Eugen Sachsse, Gerhard v. Zezschwitz* als auch bei *Leonhard Fendt, Alfred Dedo Müller* und *Otto Haendler*[2].

---

2 Vgl. *Ch. Palmer,* Evangelische Katechetik (1864[5]). – *E. Sachsse,* Die Lehre von der kirchlichen Erziehung nach evangelischen Grundsätzen (1897), S. 302: »Ziel der kirchlichen Erziehung ist die christliche Mündigkeit.« Trotz des weitreichenden Verständnisses von Mündigkeit bleibt *Sachsse* faktisch bei den Kindern. – *G. von Zezschwitz,* System der christlich kirchlichen Katechetik, Bd. I (1863), S. 26: Katechetik ist »die Theorie einer

Dieser Ansatz und dieses Selbstverständnis der Katechetik reichen angesichts der gegenwärtigen Wirklichkeit jedoch nicht mehr aus. Das ist natürlich in der *Praxis* kirchlichen Handelns, auf gemeindlicher wie übergemeindlicher Ebene, seit den zwanziger Jahren unseres Jahrhunderts hier und dort schon bemerkt worden. Entsprechend hat man, weitgehend unreflektiert, neue Formen versucht. Aber die theologische Wissenschaft, die Katechetik, ist weitgehend bei ihrem überkommenen Selbstverständnis verblieben. Nicht nur um die Kluft zwischen Theorie und Praxis zu überwinden, sondern noch mehr: um jene praktischen Ansätze zu erweitern und vor allem der Praxis zur *Gestalt* zu verhelfen, entsteht die Nötigung, neu zu fragen, was in der Katechetik eigentlich zu bedenken und zu klären ist. Denn Katechetik ist – angesichts der Wirklichkeit, auf die sie sich bezogen weiß, angesichts des Ausbaus der Erziehungswissenschaft, die sie für sich zu reflektieren und zu betreiben hat, und angesichts des gegenwärtigen Erkenntnisweges der Theologie – als Unterrichtslehre grob verkürzt verstanden. Unterrichtslehre ist ein Teil, aber nicht das Ganze. Was ist dann *heute* Ansatz, Inhalt und Aufgabe der Katechetik als eines theologischen Lehrfachs?

II
Der Wirklichkeitsbezug der Katechetik

Die der Katechetik als einer wissenschaftlichen Disziplin vorgegebene Wirklichkeit ist mit dem Hinweis auf Kind und Unterricht unzureichend beschrieben. Vielmehr ist der Katechetik die *ganze Wirklichkeit kirchlichen Lebens* vorgegeben und damit zu wissenschaftlicher Durchdringung aufgegeben. Denn kirchliches Leben ist in allen seinen Erscheinungsformen und Veranstaltungen, nicht nur in den dem Kind zugewandten, immer *auch* von einer lehrhaften Dimension und damit also von einer katechetischen Struktur bestimmt. Die lehrhafte Dimension *aller* Verkündigung und die katechetische Struktur *allen* Verkündigens sind eine Dimension und eine Struktur neben andern. Sie gilt es in der Katechetik zu entdecken, auszuformulieren, zu reflektieren und damit praktisch wirksame Hilfen zu ermöglichen.

selbständigen kirchlichen Lebensfunktion ..., nämlich: die Theorie der Tätigkeit zur unmittelbar faktischen Verwirklichung der Kirche und ihrer Idee in den der Kirche neu anzubildenden Gliedern.« – *L. Fendt*, Grundriß der Praktischen Theologie II (1949²), S. 103: Katechetik ist die »Lehre vom eigentlichen und stundenmäßigen Unterricht.« – *A. D. Müller*, Grundriß der Praktischen Theologie (1950), unternimmt zwar S. 210ff. bewußt die Wendung zu einer »Theologie der Erziehung«, richtet dann aber sofort und nahezu ausschließlich den Blick auf das Kind. – *O. Haendler*, Grundriß der Praktischen Theologie (1957), S. 271: In der Katechetik geht es um die Aufgabe, »zum geläuterten Glaubenswissen zu führen und anzuleiten«. Das expliziert *Haendler* ausschließlich im Blick auf Kinder und Jugendliche, denn »die Konfirmation ist das unmittelbare Ziel des katechetischen Unterrichts der Kirche« (S. 285).

Dieses umfassende Verständnis der Katechetik ist nun in Form einiger Hinweise andeutungsweise zu entfalten und gleichzeitig gegen naheliegende Mißverständnisse abzusichern.

1. Man muß fragen: Taucht bei diesem Verständnis der Katechetik und ihrer Aufgabe nicht die Gefahr der Pädagogisierung, der Verschulung kirchlichen Lebens oder des Glaubens auf? Nein; denn es geht ja nicht darum, lehrhafte Intentionen in wesenhaft nicht-lehrhafte Situationen einzutragen. Vielmehr sollen *gegebene* lehrhafte Momente hinreichend entdeckt und bewußt gemacht werden. Denn der Schaden, das praktische Versagen besteht ja oft gerade darin, daß man sich unvermeidlich und real gegebener pädagogischer Anforderungen in nicht eindeutig pädagogisch bestimmten Situationen nicht bewußt ist und darum den Menschen nicht erreicht.

2. Was sind das über den kirchlichen Unterricht hinaus für Situationen, die so in das Blickfeld der Katechetik zu rücken sind? Ich nenne thesenartig und beispielhaft: Die pädagogische Struktur der Predigt bedarf der Untersuchung; denn die Predigt ist insofern *auch* ein ursprünglich pädagogisches Phänomen, als ja dem Hörer im Zuspruch von Gericht und Gnade etwas *verständlich* gemacht werden soll. *Oder:* Der ganze Bereich der Seelsorge bedarf der pädagogischen Reflexion, weil es um Menschenführung im Lichte der Verkündigung geht. Diese Menschenführung kommt aber oft weder zum rechten Anfang noch zum Ziel, wenn der Seelsorger nicht fähig ist, sinnvoll in die gegebene Situation einzutreten, sich also unpädagogisch verhält. *Wilhelm Flitner* hat mit Recht darauf hingewiesen, daß es in der evangelischen Kirche »keine eigentliche Andragogik des geistlichen Lebens«[3] gibt. *Oder:* Die pädagogische Seite der Liturgie ist zu untersuchen, der Liturgie als eines Vollzugs, in dem es um Lob, Dank und Anbetung in Form, Ordnung und Wiederholung geht. Damit kommt zugleich die Frage nach einer katechetischen Betrachtung des Gottesdienstes überhaupt ins Blickfeld. Wenn der Gottesdienstteilnehmer nicht Zuschauer einer sich vor ihm abspielenden Veranstaltung sein soll, sondern Teilhaber am Vollzug, dann muß nach allem gefragt werden, was diese Teilhabe am Vollzug hindern bzw. ermöglichen kann. Die Antwort auf diese Frage ergibt sich noch nicht automatisch aus gepflegten liturgischen Interessen. *Weiterhin:* Daß der gesamte Bereich der Jugendarbeit, also gerade der außerunterrichtlichen Veranstaltungen, dringend des pädagogischen Nachdenkens bedarf, braucht kaum erwähnt zu werden. So selbstverständlich es hier scheint, so oft wird gerade auf diesem Feld das Eingehen auf jugendliche Spontaneität, des Leiters Erinnerung an die eigene Jugend und das Zehren vom Erbe der Jugendbewegung mit gegründeter pädagogischer Besinnung, die zu einer Konzentration führen müßte, verwechselt. *Schließlich:* Vielfältige neue kirchliche Veranstal-

---

3 W. *Flitner,* Das Selbstverständnis der Erziehungswissenschaft in der Gegenwart (Pädagogische Forschungen 1) (1959[2]), S. 16.

tungsformen wie die »Tagung«, die »Rüstzeit«, der Lehrgang des Pastoralkollegs oder des Katechetischen Amts gehören in den Bereich unseres Nachdenkens. Sie werfen eigene und neuartige pädagogisch-katechetische Fragen auf. Die Sorge für gute Referenten und die Mühe um »interessante« Themen löst die hier vorliegende eigene katechetische Problematik noch nicht.
Diese Beispiele mögen verdeutlichen, wieviel *mehr* Fragestellungen uns auf diesem Feld erwarten.
3. Über die eben genannten Beispiele hinaus ist auf einen schon angedeuteten Bereich mit besonderem Nachdruck hinzuweisen: das noch weitgehend vernachlässigte Feld kirchlicher »Erwachsenenbildung«. In der herkömmlichen Gemeindearbeit gibt es dafür als Ansatz die immer problematischer werdende Form der Bibelstunde. Ihre kaum reflektierte Eigenart liegt in der Praxis meist zwischen Predigt und schlecht in Gang kommender Aussprache. Im Zusammenhang mit den mannigfachen Gemeindekreisen für Erwachsene – die ja bekanntlich nur einen bestimmten Typ anziehen, was auch ein pädagogisches Problem ist! – ist die übliche Bibelstunde aus ihrer Verengung herauszuführen. Sie müßte – außerhalb des Gottesdienstes – ein zweiter Brennpunkt aller notwendigen lehrhaften Gemeindeveranstaltungen für Erwachsene sein. Dabei ginge es um die Aufgabe einer »Bildung im Glauben« und um Vermittlung und Erarbeitung einer Theologie für Gemeindeglieder, also einer echten »Gemeindetheologie«. So wird »Gemeindetheologie« und ihre Ermöglichung zur katechetischen Fragestellung. Die gegenwärtigen Einrichtungen des Gemeindelebens sind oft eher Verhinderung als Ermöglichung solcher Gemeindetheologie. Daß es Erwachsenenbildung der Gemeinde faktisch nicht gibt, ist ein Krebsschaden gegenwärtigen kirchlichen Lebens. Er hat seinen Grund nicht zuletzt darin, daß für die Katechetik bis heute der Erwachsene nicht existiert.
4. Überblicken wir das an den genannten Beispielen deutlich werdende neue Problemfeld der Katechetik, so ergibt sich folgendes: Unsere Erweiterung der Katechetik entspricht dem Schritt von der Unterrichtslehre zur umfassenden Problematik der Erziehungswissenschaft bis hinein in den sogenannten »freien Erziehungsraum«. Die Katechetik nimmt sich im Bereich kirchlichen Lebens des gesamten Feldes an, das der Erziehungswissenschaft in der Welt aufgegeben ist: von der Jugendbildung bis zur Erwachsenenbildung mit ihrer Suche nach neuen Formen.
Damit führen uns die genannten Beispiele gleichzeitig zu einer Erkenntnis für Glaube und kirchliches Leben, die im weltlichen Bereich längst berücksichtigt wird: Es geht nicht nur darum, den vielfältig *vorhandenen* katechetischen Strukturen Rechnung zu tragen, sondern noch viel mehr um die Erkenntnis, daß der Mensch in der Gegenwart ständig *auf Lehre angewiesen* ist. Wie durchgängiges Neu-Lernen-Müssen zum Bild der modernen, differenzierten Industrie- und Kulturwelt gehört, so kann auch die lehrhafte Dimension der Kirche nicht mehr nur mit Unmündigen

und »der Kirche neu anzubildenden Gliedern« rechnen *(Zezschwitz).* Ebenso wie das Arbeitsleben bedarf der Glaube, der mit dem Leben Schritt halten will, der *Begleitung* durch Lehre, immanenter Lehre in Predigt und Seelsorge und direkter Lehre in eigenen Veranstaltungen. Um den geistigen Anforderungen, die das Leben heute an den Glauben stellt, zu genügen, reicht weder der im fünfzehnten Lebensjahr (oder früher) endende Konfirmandenunterricht noch die gegenwärtige Form der Bibelstunde und auch nicht die Sonderaktion der Tagung. Da die unmittelbare Kommunikation von Glaube und Leben schwindet, bedarf – wie überall – die Lehre der Intensivierung. Die Unbildung überzeugter Christen wie die primitive Polemik gegen die Kirche beweist von je verschiedener Seite her den gleichen Sachverhalt: Daß die Bildung im Glauben bzw. das theologische Grundwissen weit hinter dem allgemeinen geistigen Niveau zurückbleibt, und dies gerade auch bei den sogenannten Gebildeten. Hier muß die Kirche Gelegenheit und Angebot verbreitern.

5. Der Begriff des Gesamtkatechumenats wird bis in die neueste Diskussion hinein auf die gegliederte Zusammenfassung aller Unterrichtsveranstaltungen für Jugendliche bezogen. Aber dagegen gilt von unseren Überlegungen her: Die gegliederte Zusammenfassung aller Unterrichtsveranstaltungen für Kinder und Jugendliche ist nicht identisch mit dem Gesamtkatechumenat, sondern auch in der Zusammenfassung nur ein Teil desselben. In das Bild vom Gesamtkatechumenat sind die Erwachsenenveranstaltungen mit einzubeziehen. Das erst ergibt das strukturierte Gesamt.

Christian Palmer hat 1851 in seiner Katechetik schon darauf hingewiesen, daß »die Einwirkung der kirchlichen Gemeinschaft auf den Einzelnen dessen ganzes Leben umfasse«[4]. Er zieht daraus jedoch keine Schlüsse, sondern fährt fort: »Daß aber deshalb das Katechumenat durchs ganze Leben währe für jeden, ist noch nie in der Katechetik behauptet worden; sondern es wurde immer für die letztere ein Endpunkt festgesetzt, der dem Ende der Unmündigkeit im bürgerlichen Leben analog ist«[5]. Genau diese Umgrenzung zu durchbrechen muß heute unser Bemühen sein. Mag sie Mitte des vorigen Jahrhunderts möglich gewesen sein, in der geistigen und damit auch in der Glaubenssituation der Gegenwart ist sie es ganz bestimmt nicht mehr.

So stellt sich uns die Wirklichkeit, auf die die Katechetik als theologische Disziplin bezogen ist und die sie wissenschaftlich zu reflektieren hat, in doppelter Hinsicht dar:

Einerseits richtet sich die Fragestellung der Katechetik auf die gesamte Wirklichkeit kirchlichen Lebens in all ihren Erscheinungsformen und Vollzügen und fragt nach der innewohnenden pädagogischen Struktur. Andererseits richtet sich die Fragestellung der Katechetik auf einen neu

---

4 *Ch. Palmer,* aaO. S. 51 (Zitat nach der 3. Aufl.).
5 Ebd.

zu fassenden Gesamtkatechumenat der Kirche. Will man den für beide Seiten zu nehmenden Begriff der Katechetik differenzieren, so könnte man von *impliziter Katechetik* (die sich z.B. der Predigt, der Seelsorge, der Liturgie zuwendet) und von *expliziter Katechetik* sprechen (die sich dann dem Gesamtkatechumenat zuwendet). Die gegenwärtige Situation der Katechetik ist dadurch gekennzeichnet, daß die implizite Katechetik in ihrer Problematik noch kaum erkannt ist; im Unterschied dazu wird die explizite Katechetik zu oft nur grob verkürzt betrieben.

6. Wir haben jedoch in unseren Überlegungen einen entscheidenden Vorläufer. *Oskar Hammelsbeck* hat schon in der ersten Auflage seines Buches »Der kirchliche Unterricht«[6] von der »Unaufhörlichkeit des kirchlichen Unterrichts« gesprochen. *Hammelsbeck* erfaßt Unterricht durch eine von vornherein theologisch bestimmte und etymologisch fragwürdige Ableitung – Unterricht = richten unter Gottes Wort – und ordnet diesem Unterrichtsverständnis das gesamte kirchliche Leben zu. Darin sieht er richtig, daß die Isolierung des Jugendunterrichts aufgehoben werden muß. Aber es fragt sich, ob bei *Hammelsbeck* nicht die umgekehrte Gefahr besteht, kirchliches Leben insgesamt in Unterricht aufgehen zu lassen. Diese Gefahr entsteht von seinem Unterrichtsbegriff her, der sich für einen sinnvollen Ausbau der Katechetik, insbesondere im Blick auf das, was wir implizite Katechetik nannten, als wenig glücklich erweist. Der Begriff »Unterricht« leistet selbst schon wieder einer Verengung Vorschub und verleitet zu dem Mißverständnis, als habe es Katechetik immer nur mit Unterricht zu tun. Die katechetische Struktur und die lehrhafte Dimension, auf die wir allenthalben stoßen, sprengen aber den Begriff Unterricht und zwingen uns zu einem noch weiter reichenden Ansatz, als er in *Hammelsbecks* bahnbrechendem ersten Versuch vorliegt.

1.2
Religionspädagogik als kritische Theorie

Das zunehmende Interesse an der Religionspädagogik in den letzten Jahren sowie ihre wenig klare Herkunftsgeschichte – wozu auch der erstaunliche Mangel an Selbstdarstellungen gehört – machen es notwendig, den Versuch einer *begrifflichen Präzision* zu unternehmen, den *gegenwärtigen Diskussionszusammenhang* herauszuarbeiten und auf diese Weise zugleich *Grenze und Reichweite religionspädagogischer Arbeit* genauer zu bestimmen. Dabei versteht sich dieser Versuch eher im Sinne einer Arbeitshypothese, die ständiger Überprüfung und gegebenenfalls Veränderung bedarf, nicht aber als abschließende Definition. Um innerhalb der vielschichtigen Diskussion eine möglichst klare Übersicht zu erzielen, ge-

---

6 1. Aufl. München 1939; 2. Aufl. München 1947.

he ich absichtlich so vor, daß ich zuerst – nach einigen Bemerkungen zur Vorgeschichte (I) – einige Autoren unkommentiert und voneinander abgehoben darstelle (II), um sodann auf diesem Hintergrund Rückfragen zu formulieren und den eigenen Ansatz zu präzisieren (III).

I
Zur Vorgeschichte

Unser Interesse richtet sich auf eine gegenwartsbezogene Klärung. Sie kann aber von Hinweisen auf die Voraussetzungen der gegenwärtigen Diskussion nicht absehen. Ausführlich ist die Vorgeschichte aufgearbeitet bei *H. Schilling*[1], bei anderen Autoren bleibt sie weitgehend unberücksichtigt. Ja, *H. Kittel*[2] kann sogar von der Religionspädagogik als einer erst »werdenden Disziplin« sprechen.
Schillings katholische wie evangelische Literatur berücksichtigende Untersuchungen haben gezeigt, daß die Herkunftsgeschichte des Begriffs und des Begriffsfeldes von Religionspädagogik »zunächst einmal im Zuge jener innerkatechetischen Entwicklung begriffen werden müsse, die im 19. Jahrhundert mit der Verabsolutierung der Schulkatechese, mit immer stärker werdender Betonung ihres Erziehungsmoments und mit fortschreitender Pädagogisierung der Katechetik verbunden war und die schließlich im beginnenden 20. Jahrhundert zur katholischen und evangelischen Reformkatechik geführt hat«.[3] Aber dies hat nicht dazu geführt, »den neuen ›religionspädagogischen‹ Standpunkt zu einer gegenüber der Katechetik unabhängigen Fachdisziplin auszubauen«.[4] Vielmehr forderte man entweder lediglich einen »Umbau« der Katechetik, oder aber man begab sich ganz und gar in den Zusammenhang der Profanpädagogik. Interessant ist in diesem Zusammenhang, daß der Begriff Religionspädagogik wahrscheinlich zuerst bei evangelischen Autoren aufgetaucht ist (bei *Reukauf* und anderen), seine Klärung jedoch eindeutig durch einen katholischen Autor eingeleitet worden ist, nämlich durch *J. Göttler*.[5] Eine parallele Diskussion auf evangelischer Seite oder gar ein Disput zwischen Autoren beider Konfessionen hat nicht stattfinden können, weil der aufkommende Einfluß der Dialektischen Theologie das evangelische Interesse an Religionspädagogik sehr bald fragwürdig gemacht hat. Das hat sich erst sehr viel später geändert.
Erstaunlich bleibt, daß dennoch die Problemgeschichte der Religions-

---

1 *H. Schilling*, Grundlagen der Religionspädagogik (1970).
2 *H. Kittel*, Evangelische Religionspädagogik (1970). Vgl. dazu auch meine ausführliche Rezension in: THP 6 (1971), S. 281ff.
3 *H. Schilling*, aaO. S. 72.
4 Ebd. S. 73.
5 Vgl. *J. Göttler*, Religions- und Moralpädagogik (1923; 1931²); s. dazu *H. Schilling*, aaO. S. 20ff.

pädagogik»um eine den Konfessionen gemeinsame thematische Achse schwingt: Auf beiden Seiten drehte es sich nämlich immer wieder unter verschiedenen Aspekten um die Frage, wie sich eine wissenschaftlich ernsthafte Religionspädagogik einerseits zur Theologie, andererseits zur Pädagogik verhalten müsse, ob sie der ersteren oder (und) der letzteren zugehöre oder ob ihr gar ein dritter, zwischenräumlicher Ort zukomme«.[6] Diese Grundfrage ist in allen nur denkbaren Variationen beantwortet worden – einseitig theologisch, einseitig pädagogisch oder im Sinne eines Sowohl-als-auch. Gestellt ist die Frage für die Gegenwart nicht minder – ist sie zureichend beantwortet?

II
Vorliegende Ansätze

Auf dem Hintergrund von I sind einige gegenwärtig vorliegende Begriffsbestimmungen von Religionspädagogik zu sichten. Dabei ist keinerlei Vollständigkeit erstrebt, sondern lediglich eine charakteristische Auswahl.

1. *Helmuth Kittel*
Kittel ist mit Ausführungen zum *Begriff* der Religionspädagogik bemerkenswert sparsam. Das dürfte seinem Verständnis von der erst »werdenden Disziplin« entsprechen, aber auch seinem nach wie vor bestehenden Unbehagen gegenüber dem Begriff. So finden sich eher Umschreibungen als präzise Bestimmungen. Es geht in der Religionspädagogik um eine bestimmte Art und Weise, »in der heute pädagogische Probleme wissenschaftlich behandelt werden, die sich aus der Existenz des Evangeliums von Jesus Christus in der heutigen Welt ergeben«.[7] Dabei ist für *Kittel* charakteristisch, daß er sich keine andere religionspädagogische Erörterungsweise denken kann als die von der Erziehungswissenschaft ausgehende, denn: »Die Existenz der modernen Erziehungswissenschaft ist eine *Voraussetzung* der modernen Religionspädagogik.«[8] Das Verhältnis zwischen Erziehungswissenschaft und Theologie wird für die Religionspädagogik als ein notwendig kooperatives beschrieben (vgl. Kap. 3). Welche konkreten Problem- und Gegenstandsfelder die Religionspädagogik inhaltlich bestimmen, wird aus dem Aufriß des *Kittelschen* Buches deutlich. Auf die Einleitung, in der Begriff und Diskussionslage der Religionspädagogik erörtert werden, folgen die Hauptteile:
– Erziehungswissenschaft
– Erziehungswissenschaft und Theologie

---

6 *H. Schilling*, aaO. S. 153.
7 *H. Kittel*, aaO. S. 1.
8 Ebd. S. 9.

– Kernprobleme der Erziehungswissenschaft unter theologischem Aspekt
– Bereiche der Erziehung und Bildung als Aufgabengebiete von Erziehungswissenschaft und Theologie (wobei auffällt, daß hier der Erörterung der Evangelischen Unterweisung breitester Raum gewidmet wird).

2. *Hans Schilling*

Von einem wesentlich durch *K. Rahner* bestimmten Verständnis Praktischer Theologie her (»existentiale Ekklesiologie«) sieht *Schilling* in zeitgerechter Religionspädagogik »jene praktisch-theologische Teildisziplin, die den je heutigen, faktischen und gesollten Selbstvollzug der Kirche an den Orten des Erziehungsgeschehens, im Raum der Erziehungs- und Bildungswirklichkeit reflektiert, und zwar so, daß dabei sowohl nach den erzieherischen und didaktischen Ermöglichungs- bzw. Realisierungsbedingungen dieses Selbstvollzugs in allen seinen Grundfunktionen gefragt als auch die je aktuelle Bedeutung des Erziehungsfeldes für das christlich-kirchliche Handeln erforscht wird«.[9] Entscheidend ist für *Schilling* an dieser Definition, daß Religionspädagogik in diesem Verständnis an der »Kirchlichkeit aller Theologie«[10] partizipiert, sie ist »theologische Reflexion *kirchlichen* Tuns«.[11]

Offensichtlich sind es *Schillings* historische Untersuchungen, die ihn die Frage nach dem Verhältnis zwischen Religionspädagogik und Katechetik dringlicher als andere Autoren stellen lassen. Dabei geht er davon aus, daß beide in den Gesamtrahmen der Praktischen Theologie hineingehören und »daß – wenn überhaupt irgendeine Sachdifferenz zwischen Religionspädagogik und Katechetik bestehen sollte – eine der beiden die andere als ihre Teildisziplin aufnehmen und einschließen kann«.[12] Nimmt man die Definition (s.o.) und diese logische Voraussetzung zusammen, überrascht *Schillings* Schluß nicht: »*Katechetik* ist und soll bleiben jene praktisch-theologische Disziplin, die sämtliche Stufen, Formen, Mittel, Wege und Institutionen zeitgerechter Glaubensunterweisung bzw. -einübung unter dem kerygmatisch-ekklesiologischen Grundaspekt zu reflektieren hat. *Religionspädagogik* soll nur jener Zweig der Katechetik heißen, der den kerygmatisch-katechetischen Auftrag der Kirche im Raum der Erziehungswirklichkeit im engeren, d.h. im konkreten Bezug auf Kinder und Jugendliche bzw. auf deren Erzieher und Lehrer untersucht und der um dieses speziell pädagogisch-didaktischen Bezuges willen ganz besonders eng mit der Erziehungswissenschaft zusammenarbeiten muß.«[13] So wird also Religionspädagogik als »Teildisziplin der Katechetik« und damit als »theologisches Fach wie diese« verstanden – nicht

---

9 H. *Schilling*, aaO. S. 339.
10 Ebd.
11 Ebd. S. 340.
12 Ebd. S. 349.
13 Ebd. S. 360f.

zuletzt, um sie vor der Gefahr »erneuter theologischer Auszehrung im Banne irgendwelcher pädagogischer, soziologischer, psychologischer, politologischer Theorien«[14] zu bewahren.

Dieser systematische Ansatz konkretisiert sich für *Schilling* im »Entwurf eines religionspädagogischen Arbeitsprogramms unter dispositioneller Berücksichtigung christlich-kirchlicher Grundfunktionen«.[15] Dieses »Arbeitsprogramm« beginnt mit einem Allgemeinen Teil, in dem »Grundlagen und Grundfragen« erörtert werden sollen, historisch einsetzend und sodann stark systematisch bestimmt. Der Besondere Teil ist der »Theorie christlich-kirchlichen Handelns im Erziehungsfeld der Gegenwart« gewidmet und besteht aus folgenden Hauptabschnitten:
– Pädagogisch-didaktische Ermöglichungs- und Realisierungsbedingungen der Verkündigung
– Pädagogisch-didaktische Ermöglichungs- und Realisierungsbedingungen sakramental-liturgischen Lebens
– Pädagogisch-didaktische Ermöglichungs- und Realisierungsbedingungen christlichen Lebens in der Welt.

Der Entwurf erhebt nicht den Anspruch materialer oder formaler Vollständigkeit, aber er möchte zeigen: »Praktisch-theologisch fundierte Religionspädagogik muß, nachdem sie ihre Grundlagenprobleme dargestellt und eine Theologie der Erziehung und Bildung am Schnittpunkt der theologischen und pädagogischen Anthropologie entwickelt hat, von den christlich-kirchlichen Grundfunktionen ausgehen und jeweils nach deren pädagogisch-didaktischen Ermöglichungs- bzw. Realisierungsbedingungen im Hier und Heute fragen.«[16]

3. *Karl-Ernst Nipkow*

Nipkow hat sich schon vor der Veröffentlichung seiner »Grundfragen der Religionspädagogik« (1975ff.) im Zusammenhang zweier großer Literaturberichte zum »wissenschaftstheoretischen Selbstverständnis der evangelischen Religionspädagogik« bzw. zum »Selbstverständnis der Katechetik (Religionspädagogik) als wissenschaftlicher Disziplin«[17] geäußert. Offensichtlich benutzt er dort beide Bezeichnungen synonym.

Nipkow geht von der Feststellung aus, daß »eine stärkere Öffnung der religionspädagogischen Diskussion zur allgemeinen erziehungswissenschaftlichen Forschung hin«[18] dringend erforderlich sei. Die Religionspädagogik darf sich nicht selbst abschließen, und selbstverständlich darf es ihr »nicht nur um die Fragen des Religionsunterrichts«[19] gehen. Im

---

14 Ebd. S. 361.
15 Ebd. S. 346.
16 Ebd. S. 347.
17 Beide Aufsätze zuerst in: THP 2 (1967) und 4 (1969), jetzt in: *K. E. Nipkow*, Schule und Religionsunterricht im Wandel (1971), S. 127ff. und S. 161ff. (Zitate danach).
18 Ebd. S. 127f.
19 Ebd. S. 128.

Unterschied zum herkömmlichen Verständnis der Katechetik innerhalb der Praktischen Theologie braucht die Religionspädagogik »prinzipiell keine bestimmten theologischen bzw. kirchlichen Überzeugungen als Grundlage. Sie kann, traditionell formuliert, die ›Entfaltung der religiösen Kräfte‹ als einen Aspekt des Bildungsprozesses neben anderen ähnlichen Aspekten verstehen ... Das Religiöse könnte hierbei ganz unter bildungstheoretischen Kategorien subsumiert bleiben. Die Religionspädagogik ist also als ein Teil der Pädagogik denkbar«.[20] Wenn heute im wesentlichen so nicht argumentiert wird, dann hat dies stärker faktische als prinzipielle Gründe. Weil die Allgemeine Pädagogik die religiöse Dimension vernachlässigt, »erscheint die herrschende, kirchlich gebundene Form der Religionspädagogik als die einzig mögliche«.[21] Angesichts dieser Lage, gesteigert noch durch die Schattenexistenz der Katechetik innerhalb der Theologischen Fakultäten, möchte *Nipkow* ein neues Theoriemodell einführen, in diesem Zusammenhang auch das Einverständnis über die Bezeichnung der Disziplin: »Eine *gleichzeitig theologisch und erziehungswissenschaftlich fundierte Religionspädagogik* (Katechetik) müßte als ›*Theorie der religiösen Erziehung*‹ verschiedene, methodisch gleichrangige Zugänge verfolgen und die Lösungen in den Schnittpunkten eines vielperspektivischen (mehrdimensionalen) Koordinatengefüges aufsuchen.«[22] Dabei käme es darauf an, die methodische Gleichrangigkeit der verschiedenen Zugänge durchzuhalten. »Die *Lösungen* müssen die *größte gleichzeitige Adäquanz* in theologischer, pädagogischer, soziologischer, psychologischer und gegebenenfalls politisch-rechtlicher Hinsicht ... anstreben ... Die pädagogische Sachgemäßheit muß gleichsam vom Theologen theologisch gefordert, die theologische Sachgemäßheit vom Pädagogen pädagogisch gefordert werden können...«[23] Dieses Theorieverständnis steht und fällt also damit, daß die gegenseitige Abbildbarkeit unterschiedlicher Perspektiven und die Transponierbarkeit von in verschiedene Zusammenhänge gehörigen Begriffen gelingt. Das bedeutet: »Eine religionspädagogische Theorie gewinnt erst dann wissenschaftliche Verbindlichkeit, wenn eine *Verknüpfung* und *Verhältnisbestimmung* der verschiedenen Fragestellungen, Befunde und Interpretationen *in intersubjektiv verstehbaren Kategorien* gelingt und so ein *gemeinsamer theoretischer Bezugsrahmen* geschaffen werden kann.«[24]

Diese Ansätze führt *Nipkow* sodann im 1. Band seiner »Grundfragen« aus. Die Ausarbeitung des »konvergenztheoretischen Orientierungsmodells«[25] ist die begriffliche Präzision dessen, was *Nipkow* in den beiden

20 Ebd. S. 129.
21 Ebd.
22 Ebd. S. 163.
23 Ebd. S. 164.
24 Ebd.
25 K. E. *Nipkow*, Grundfragen der Religionspädagogik, Bd. 1 (1975), S. 173ff.

früheren Literaturberichten anvisiert hat. Sie erfolgt im Zusammenhang der Geschichte des Christentums und der neuzeitlichen Freiheitsgeschichte, deren Verschränkung den »geschichtlichen Raum« charakterisiert, »in dem religiöse Erziehung verantwortet werden soll«.[26] Daher gilt: »Die *Kriterien* der Religionspädagogik können mithin nur unter den Bedingungen dieses *doppelten, dialektisch verschränkten Überlieferungs- und Bedeutungszusammenhangs* ausgebildet werden.«[27] Insofern ist Religionspädagogik immer »doppelt zu verantworten, von beiden geschichtlichen Bewegungen her, *theologisch* und *gesellschaftspolitischpädagogisch*«.[28] Der Begriff »konvergenztheoretisch« ist dabei heuristisch gemeint. Er gilt der »*Frage* nach konvergierenden *und* divergierenden Elementen«[29] in jenem dialektischen Verschränkungszusammenhang von Geschichte des Christentums und neuzeitlicher Freiheitsgeschichte, der zur sowohl theologischen wie pädagogischen Kriterienbildung in der Religionspädagogik nötigt. Vereinfacht gesagt: Die konvergenztheoretische Frage gilt dem *komplexen* Verhältnis zwischen theologischen und pädagogischen Überlegungen in der Religionspädagogik.

4. Wolfgang G. Esser

Esser[30] geht davon aus, daß Religionspädagogik »mehrfach begründbar« ist, theologisch oder pädagogisch oder anders; es wäre daher »Ghettodenken, wollte man Religionspädagogik ausschließlich jeweils an *eine* Religion oder Konfession gebunden wissen«.[31] Ja, er kann im Blick auf die bisherige, vorwiegend theologisch orientierte Geschichte der Religionspädagogik feststellen: »Im Falle einer *Normierung* der Religionspädagogik durch Theologie, Pädagogik oder Religionswissenschaft ist die besondere Stellung der Religionspädagogik als Interaktionsdisziplin nicht gewährleistet.«[32] Im Interesse der Theologie selbst muß sich Religionspädagogik von allen hierarchisch-theologischen Normierungen freihalten, damit sie in der Lage bleibt, »von ihrer Praxisnähe her, d.h. von ihrer permanenten Befragung der Praxis auf ihre theoretische Problematik hin, kritische Rückfragen an die Theologie insgesamt zu stellen: wie sich ihre Aussagen zur gegenwärtigen Wirklichkeit menschlichen Daseins verhalten, ›was ihr Beitrag für das ›Handeln‹ aus Glauben ausmache‹ *(Dantine)* und was sie für das Selbst- und Weltverständnis gegenwärtiger und künftiger Menschheit leisten könne. Diese Fragen zu stellen

---

26 Ebd. S. 173.
27 Ebd.
28 Ebd. S. 173f.
29 Ebd. S. 177.
30 W. G. Esser, Bestimmungsversuche eines fundamentalen Religionsbegriffs und Entwurf einer anthropologischen Religionspädagogik, in: *G. Stachel / W. G. Esser*, Was ist Religionspädagogik? (1971), S. 32ff.
31 Ebd. S. 33f.
32 Ebd. S. 34.

ist eine innertheologische Funktion der Religions-*Pädagogik,* wenn sie ... in die außertheologische, pädagogisch-anthropologische Diskussion eintreten und diese theologisch produktiv aufarbeiten will.«[33]

Von dieser Abgrenzung gegenüber herkömmlicher Religionspädagogik und besonders Katechetik aus entwirft *Esser* das Programm einer »anthropologischen Religionspädagogik von einem fundamentalen Religionsbegriff her«.[34] Fundamental-anthropologisch begründete Religionspädagogik übersteigt theologische, pädagogische oder religionswissenschaftliche; sie gründet im »fundamental-anthropologischen Phänomen Religion als Gefragtsein und Frage auf Antwort hin«.[35]

Dieser Religionsbegriff und die entsprechende Religiosität wird in drei Stufen entfaltet. Auf der Erfahrungsstufe I vollzieht sich Religion »in der Findung des Selbst als gefragtes und fragendes Da-sein auf Antwort hin«.[36] Auf der Erfahrungsstufe II kommt Religion jedoch erst eigentlich zu sich, »d.h. sie wird, was sie *ist:* in der Findung des Selbst als unbedingtes Gefragtsein und offenbleibende Frage. Daß der Mensch prinzipiell und überhaupt Gefragter und Frage ist, macht seine *eigentliche* Religiosität aus, welche der Wurzelgrund alles einzelweltlichen Gefragtseins und Fragens ist«.[37] Auf der Erfahrungsstufe III schließlich kann Religion in ihrem innersten Kern bestimmt werden »als die Findung des Selbst als je schon über-fragtes Aussein-auf, oder anders: als je schon überfragte Frage nach«. Alle konkreten Religionen sind »Umsetzung dieser Selbstfindung«.[38]

In diesem Verständnis von Religion, das liegt auf der Hand, gibt es den Menschen ohne Religion nicht. Umgekehrt wächst von diesem Verständnis aus der Religionspädagogik der Rang einer Universalwissenschaft zu: »Die fundamental-anthropologische Religionspädagogik verfolgt ... das Ziel, indem sie Forschungen verschiedener Wissenschaften (Psychologie und Religionspsychologie, Soziologie und Religionssoziologie, theologische und pädagogische Anthropologie) einbezieht, menschliches Dasein als Gefragtes und Frage zu erforschen und für eine Theorie der fundamentalen religiösen Erziehung zu reflektieren.«[39]

Fundamental-anthropologische Religionspädagogik in diesem Sinne fundiert nicht nur »die christliche Katechetik und Katechese«, sondern »auch jegliche Bildung und Erziehung«.[40] Denn: »Es geht hier eigentlich um den Menschen als *offenbleibende* Frage, die den Prozeß der Bildung

---

33 Ebd. S. 35f.
34 Ebd. S. 37ff.
35 Ebd. S. 50.
36 Ebd. S. 51.
37 Ebd. S. 52.
38 Ebd. S. 53.
39 Ebd. S. 56.
40 Ebd. S. 62f.

erst in Bewegung bringt und in Bewegung halten kann, um den Menschen als *unbedingtes* Gefragtsein, das dem Erziehungsprozeß erst seinen Grund gibt. Will die Schule diese fundamentale Wirklichkeitsdimension menschlicher Existenz in Gesellschaft und Geschichte nicht verschweigen und sich vor der heranwachsenden Generation nicht einer weltimmanenten Ideologie schuldig machen, muß sie Gelegenheit geben, daß ein religiöser Daseinsunterricht oder ein Curriculumelement Religion solcher Konzeption ihren zentralen pädagogischen Beitrag leisten können.«[41]

5. Hans-Dieter Bastian

Nach einem knappen Blick auf das 19. Jahrhundert und auf Fehlformen des Verständnisses von Religionspädagogik setzt *Bastian*[42] mit der Feststellung ein, gegenwärtig orientiere sich die Religionspädagogik »bei ihrer wissenschaftstheoretischen Neubesinnung weniger an den Traditionen von Theologie und Kirche als vielmehr an jenen Wissenschaften, die heute das pädagogische Feld bestimmen«.[43] Als Beispiele nennt er Anthropologie, Soziologie, Sprachtheorie, Psychologie, Kybernetik u.a. Religionspädagogik ist der Ort, an dem sich die Theologie »auf die methodische und sachliche Auseinandersetzung mit der modernen Erziehungswissenschaft« einläßt, »um das pädagogische Handeln der Kirche auch fortan mit einer qualifizierten wissenschaftlichen Theorie begleiten zu können. Weil die christliche Kirche in ihrem Handeln stets auch die Kommunikationsformen der Erziehung, der Lehre und des Lernens praktiziert . . ., bedarf es einer wissenschaftlichen Disziplin, die für alle Vorgänge die Theorie erstellt, bei denen Erziehungs- oder Lernfaktoren beteiligt sind«.[44]

Diese Religionspädagogik ist in ihrem Ansatz gleichwohl streng *theologisch* geortet. »Religionspädagogik als theologische Disziplin hat wie alle anderen theologischen Disziplinen Anteil am Ganzen, am Proprium der evangelischen Theologie: dem Wort Gottes in seiner dreifachen Gestalt als Person, als Tradition und als gegenwärtiges Ereignis. Nicht dieses Proprium ›an sich‹, sondern die wissenschaftlichen Methoden, seine verschiedenen Wirkungen zu bedenken, verursachen und rechtfertigen die Aufgliederung einer theologischen Disziplin. Dieses axiomatische Grundverhältnis der Religionspädagogik zum Ganzen der Theologie entfaltet sich in den unverzichtbaren Bindungen an das Christusbekennt-

---

41   Ebd. S. 63.
42   *H.-D. Bastian*, Die Stellung der Religionspädagogik im Rahmen einer theologischen Fakultät und die Möglichkeiten ihres Studiums, zuerst in: THP 3 (1968), jetzt in: *G. Stachel / W. G. Esser*, aaO. S. 263ff. (danach zitiert). Unerörtert bleibt hier, ob und gegebenenfalls wie *Bastian* inzwischen sein Konzept weiterentwickelt hat. Für unseren Zusammenhang ist der damalige Aufsatz um auch heute zu beobachtender Tendenzen willen *repräsentativ* – darum ist er hier berücksichtigt.
43   Ebd. S. 264.
44   Ebd. S. 267.

nis, das reformatorisch ausgelegte Schriftverständnis und die aktuelle, stets neu zu leistende Verkündigung im Pluraletantum ihrer Ausdrucksformen. Eine Religionspädagogik jenseits von Christologie und bekenntnisorientierter Bibelexegese, unabhängig vom missionarischen Zwang christlicher Unterweisung und somit neutralisiert in einer allgemeinen Religionswissenschaft wäre zwar pädagogisch, keineswegs aber theologisch möglich. Die bleibende Spannung zwischen theologischen und pädagogischen Fragestellungen, die anthropologisch koinzidieren, sich aber nicht sachlich identifizieren, muß die Religionspädagogik als signifikantes Charakteristikum aushalten und produktiv verarbeiten. Sie interpretiert das Wirken des Wortes Gottes unter den Bedingungen, aber nicht aus den Möglichkeiten der Erziehungswissenschaft.«[45]

Eine solche Religionspädagogik, die von ihrem Ansatz her die »traditionellen Arbeitsgebiete eines kirchlichen Jugendunterrichts bei weitem«[46] übersteigt, hätte im einzelnen zu erforschen:
– Kirchlichen Jugendunterricht, einschließlich schulischem Religionsunterricht
– Kirchliche Jugendarbeit
– Kirchliche Erwachsenenbildung
– Sozialisationsprobleme
– Ausbildung und Fortbildung kirchlicher Mitarbeiter
– Kirchliche politische Bildung
– Theologische Sozialpädagogik
– Generationenfolge in Theologie und Kirche
– Didaktische Dimension der Hermeneutik
– Vergleichende Religionspädagogik
– Sprachpädagogische Probleme der Verkündigung
– Medienpädagogik
– Kybernetik und Theologie.[47]

III
Beobachtungen, Rückfragen und weiterführende Überlegungen

1. Überblickt man diese neueren Versuche, Begriff, Ansatz und Problemfelder der Religionspädagogik näher zu bestimmen, so ergeben sich eine Reihe von Beobachtungen, die geeignet sein könnten, die Diskussion weiterzuführen. Sie sollen hier nebeneinandergestellt werden.
Alle genannten Autoren postulieren, Religionspädagogik sei mehr als Didaktik des Religionsunterrichts; sie lösen das aber in dem unterschiedlichen Maße ein, in dem sie das Problemfeld explizieren (also besonders

---

45 Ebd. S. 267f.
46 Ebd. S. 269.
47 Ebd. S. 270f. (dort ausführlicher).

Kittel, Schilling und *Bastian*). Anzumerken bleibt freilich, daß bei *Kittel* dennoch die Thematik des Religionsunterrichts ein unproportional großes Gewicht hat; aber dies scheint keine prinzipiellen Gründe zu haben.[48] Bei *Esser* freilich dürfte es nicht zufällig sein, daß der fundamental-anthropologische Religionsbegriff letztlich nur in seiner Fundierung einer jeglichen Erziehung und Unterrichtung, also im generellen schulpädagogischen Zusammenhang, expliziert wird.

Alle Autoren postulieren, daß sich Religionspädagogik erst in der Kooperation zwischen Theologie und Erziehungs- und Sozialwissenschaften konstituiere. Der Gedanke, daß in solcher Kooperation Religionspädagogik nicht nur theologisch, sondern z.B. auch *pädagogisch* konzipierbar sein müsse, wird aber bei *Schilling* und *Bastian* verworfen zugunsten eines Verständnisses, in dem Theologie stets als Normwissenschaft zu fungieren hat. Damit ist eine entscheidende Weiche gestellt, die sich in der Ausarbeitung des Problemfeldes denn auch folgenreich bemerkbar macht. In Wirklichkeit fungieren bei beiden Autoren nichttheologische Wissenschaften nämlich notwendig, vom Ansatz her, immer nur als Hilfswissenschaften. Daß im konkreten Falle umgekehrt die Theologie als Hilfswissenschaft fungieren könnte, ist von *Schillings* wie *Bastians* Modell her unmöglich.

Damit ist aber genau das, was *Nipkow* intendiert, die *Gleichrangigkeit* verschiedener Zugänge, nicht erreicht.

Außer *Esser*, von dem gesondert zu reden ist, bleiben die diskutierten Autoren, soweit sie das Problemfeld explizieren, den erörterten Fakten und Problemen nach – zum Teil gegen ihr eigenes Votum – teils *innerkirchlich* orientiert, teils in ihrem vorrangigen Interesse auf konfessionellen *Religionsunterricht* beschränkt. Daher bleiben sie auch notwendig in ihrem Ansatz einseitig *theologisch* orientiert. Diese unverkennbare Introversion widerspricht dem eigenen Anspruch, der mit dem Gebrauch des Begriffs Religionspädagogik erhoben, aber nicht eingelöst wird. Andererseits ist diese Introversion konsequent, wenn man, wie z.B. *Kittel* explizit, aber doch wohl durchaus auch im Sinne von *Schilling* und *Bastian*, Religionspädagogik programmatisch auf eben die Probleme beschränkt, »die sich aus der Existenz des Evangeliums von Jesus Christus in der heutigen Welt ergeben«[49].

Im Horizont keines der genannten Autoren liegt eine Fragerichtung – und zwar weder im Ansatz noch in der materialen Entfaltung –, ohne deren Beachtung religionspädagogische Arbeit heute schlechterdings nicht

---

48 Vgl. *H. Kittels* Bemerkung im »Diskussionsforum« in: THP 7 (1972), S. 88. – Auch *M. Stallmann* verbleibt im Bannkreis der Problematik des Religionsunterrichts, wiewohl er diesen als »Testfall« begreift, an dem »die Problematik der Rolle der Religion in der modernen Gesellschaft besonders deutlich hervortritt«, vgl. *M. Stallmann*, Art. Religionspädagogik. Evangelisch, in: Neues Pädagogisches Lexikon (1971), Sp. 945ff.
49 *H. Kittel*, Evangelische Religionspädagogik (1970), S. 1.

mehr legitimierbar ist: die Analyse der *Wirkungen* von *Religion,* Religionspädagogik und religiöser Erziehung in der Geschichte[50], und zwar Religion im weiteren Sinne als Kirche und Evangelium[51]. Nur auf dem Hintergrund dieser Fragerichtung scheint es aber vertretbar, gegenwärtige religionspädagogische Reflexionen anzustellen. Hier liegt ein Feld noch nahezu völlig unbearbeiteter, wenn nicht unerkannter Fragen vor. Es ist nicht damit abzugelten, daß man wie *Schilling* in einem vorangestellten »Allgemeinen Teil« nach der »Geschichte der christlich-religiösen Erziehung« fragt, denn einmal muß diese dringlich fällige Analyse je im konkreten Problemzusammenhang angestellt werden und nicht als historischer Vorspann, nach dessen Erledigung man sich den Gegenwartsfragen zuwenden könnte; zum andern handelt es sich dabei nicht um die übliche Frage nach vergangener Geschichte, nach vergangenen Ausprägungen und Dokumenten, sondern um eine von gegenwärtigen Erkenntnisinteressen geleitete Fragerichtung, der überhaupt nur in der Kombination von historisch-gesellschaftlichen mit religiös-sozialpsychologischen Fragestellungen entsprochen werden kann. Erst aus solcher Traditionsanalyse heraus kann Religionspädagogik heute kritisch, auch gegen sich selbst, werden.

Obwohl alle Autoren den Begriff Religionspädagogik gebrauchen, wird allein bei *Esser* Religion thematisch. Das dürfte evangelischerseits fraglos noch mit der Nachgeschichte der Dialektischen Theologie und ihren Wirkungen auf die Religionspädagogik zu tun haben.

Allerdings, *Essers* Programm stellt vor eigene Schwierigkeiten. Seine Explikationen und deren Überführung in ein Konzept von Religionspädagogik sind durch dreierlei gekennzeichnet:

– *Esser* will die Normierung der Religionspädagogik durch *eine* Religion oder Konfession überwinden, weil sie anders nicht der Weite ihrer Aufgabe entsprechen kann.

– Um dies zu erreichen, entwickelt *Esser* ein Religionsverständnis, das man abgekürzt als *existential-ontologisch* bezeichnen kann. Es unterliegt notwendig allen Anfragen, die an existentiale Philosophie und Hermeneutik zu stellen sind, ohne daß sie hier wiederholt werden müssen. Insbesondere fällt sofort die unbedingte Individualisierung der Fragestellung auf, verbunden mit hochgradiger Formalisierung, die geradezu das Signum der Geschichtslosigkeit – oder, was nichts anderes ist, immer bleibender Geschichtsgleichheit unter welchen konkreten Bedingungen auch immer – mit sich führt.

---

50 Vgl. dazu *B. Päschke,* Praktische Theologie als kritische Handlungswissenschaft, in: THP 6 (1971), S. 1ff., besonders S. 6: »Vordringliche Aufgaben theologischer *Sozialethik* und *Religionspädagogik* liegen . . . in der Konfrontation mit der eigenen religionspädagogischen Wirkungsgeschichte.«
51 *K. E. Nipkows* kritische Perspektive, soweit sie eher implizit in seinem Konzept steckt, bezieht sich lediglich auf *christliche* Traditionen.

– Katholisch-theologische Tradition und die Anlehnung an *Rahner* erleichtern es *Esser,* aus diesem existentialen Religionsverständnis eine fundamental-ontologische Begründung der Religionspädagogik abzuleiten, die unter der Hand zur Universalwissenschaft nicht nur für die Pädagogik, sondern nicht minder für Anthropologie und Theologie gemacht werden kann.
Es ist nicht zufällig, daß *Esser* zur Deduktion seines Religionsverständnisses der (Religions-)*Soziologie* nicht bedarf, sondern sich ausschließlich im Raum spekulativer Philosophie bewegen kann. Nicht minder selbstverständlich ist es, daß dieser Begriff von Religion gebildet werden kann, ohne auf *Religionskritik* abzuheben. Denn der entscheidende Horizont, vor dem sich die Notwendigkeit ergibt, Religion und ihre Wirkungen kritisch zu hinterfragen, spielt für *Esser* gar keine Rolle: der Horizont der Gesellschaft. Darüber können auch die versuchten Abgrenzungen gegenüber *R. Bultmann* und das Plädoyer für eine »weltoffene Bestimmung von Religion«[52] nicht hinwegtäuschen. Denn es geht *Esser* um die »Findung des Selbst ... als je schon überfragte Frage nach«[53] – er sieht aber nicht, daß dieses Selbst mit seiner Frage je schon gesellschaftlich vermittelt ist.
Solche Ontologisierung von Religion und die Etablierung einer darauf aufruhenden Religionspädagogik als Fundamentalwissenschaft stellt einen Absolutheitsanspruch dar, den niemand in seinen Folgen unterschätzen wird, der aus der Geschichte vergleichbare kirchliche oder nichtkirchliche Absolutheitsansprüche und ihre Wirkungen kennt.
Schilling unterstellt die Religionspädagogik der Katechetik. Das ist von seinem systematischen Ansatz her durchaus schlüssig. Blickt man auf die anderen Entwürfe, von *Esser* abgesehen, wird man fragen müssen, ob sie sich, entsprechend ihren Normierungen und Selbstbegrenzungen, nicht folgerichtiger ebenso als *Katechetik* und nicht als Religionspädagogik bezeichnen sollten. Denn die Lehre vom schulischen Religionsunterricht im Verständnis einer Konfession und die innerkirchliche pädagogische Problematik werden traditionell im Fach Katechetik traktiert. Die Verwendung der Bezeichnung Religionspädagogik, abweichend von dieser Tradition, müßte *inhaltlich* ausgewiesen werden. Das ist aber nicht der Fall, weder in *Kittels* Ausführungen noch in *Schillings* oder *Bastians* Programmen. *Schillings* Formeln, löst man sie aus der katholischen Spezialproblematik heraus, lassen sich durchaus auf die Interessen von *Bastian* und *Kittel* übertragen – insbesondere der bei *Schilling* nicht zufällig immer wiederkehrende Begriff vom »christlich-kirchlichen Handeln« ist geeignet, das von *Bastian* und *Kittel* bearbeitete Material und die mit der Bearbeitung verbundene Intention präzis zu bezeichnen.
Nipkows Interesse einer »gleichzeitig theologisch und erziehungswissen-

---

52 W. G. *Esser,* aaO. S. 44ff.
53 Ebd. S. 53.

schaftlich fundierten Religionspädagogik« dürfte den Konzepten von *Kittel, Schilling* und *Bastian* eindeutig widersprechen, auch wenn sie vermutlich ihre Entwürfe partiell in dieser Richtung verstehen. Bei *Schilling* liegt es auf der Hand, daß er einseitig theologisch orientiert ist. *Bastian* gibt der Theologie dezidiert normative Funktion, und *Kittels* Votum, daß Religionspädagogik erziehungswissenschaftlich anzusetzen habe, wird in dem Augenblick *faktisch* außer Kraft gesetzt, da er seine Fragestellung auf das »Evangelium von Jesus Christus« begrenzt, dies in der ganzen Erörterung durchhält und somit die Weite *erziehungswissenschaftlicher* Fragen nach Religion nicht erreicht, sondern in »christlich-kirchlicher« *(Schilling)* Engführung verharrt.
Die *formale Struktur* des konvergenztheoretischen Modells *Nipkows* führt in *methodologischer* Hinsicht eindeutig einen Schritt weiter als alle anderen Entwürfe. In *inhaltlicher* Hinsicht führt *Nipkow* jedoch ebenfalls in die Verengung. Der »Zusammenhang von Gesellschaft, Erziehung und Religion«[54], dessen Erhellung *Nipkows* eindeutig formuliertes Interesse ist, wird kurzerhand reduziert auf »die *christliche* Religion, das *Christentum,* und zwar besonders in Gestalt der christlichen *Kirchen*«[55]. Man fragt sich schließlich, warum *Nipkow* überhaupt von Religion spricht, wenn er sie doch nur als kirchlich-christliche thematisiert wissen will. Er begründet diese Verengung mit der undeutlichen Allgemeinheit, mit der andernfalls, ohne diese Konzentration auf Kirche und Christentum, von Religion gesprochen werden müsse. Aber dieser Schluß erscheint wenig zwingend, wenn man sich nicht auf die Ebene der Begriffsbildung beschränkt. Wer konkrete religiöse Phänomene unterschiedlicher Herkunft, gespeist aus verschiedenartigen Traditionen, aufgreift, endet doch nicht deswegen in der Abstraktion, weil er gegebenenfalls auch nichtchristliche oder außerkirchliche berücksichtigt.
So sind die Möglichkeiten, die in *Nipkows* Denkmodell stecken, bei ihm selbst nicht voll ausgenutzt. Das wäre erst dann der Fall, wenn die christlich-theologische Perspektive nicht mehr die religiöse verdrängt – wenn also mit dem Gebrauch des Begriffs *Religionspädagogik* ernst gemacht wird.
Nur so scheint mir die Überwindung der kirchlich-konfessionellen Verengungen in den Fragestellungen gegenwärtiger Religionspädagogik erreichbar. Daß dies notwendig ist, wird der nicht bestreiten, der sich über die Wirkungen von Religion keinen Illusionen hingibt – und der zugleich der Auffassung ist, daß ein existentialer Religionsbegriff nicht geeignet ist, diese Problematik aufzuarbeiten.

2. Auf diesem Hintergrund ist der Versuch zu machen, einen systematischen Ansatz für Religionspädagogik und das zugehörige Problemfeld zu

---

54 K. E. *Nipkow,* aaO. S. 129.
55 Ebd. (Hervorhebung dort).

skizzieren. In beidem soll es nicht um eine vollständige oder gar abgeschlossene Ausarbeitung gehen, sondern um Ausgangspunkte.
Der generelle Bezugsrahmen, innerhalb dessen religionspädagogische Probleme zu verhandeln sind, ist durch die Begriffe *Religion* und *Gesellschaft* markiert. Dabei fungiert Religion als Sammelbegriff für eine Vielfalt von Wertsystemen unterschiedlicher Herkunft. Diese Wertsysteme sind in ihren Wirkungen höchst ambivalent.[56]
Innerhalb dieses generellen Bezugsrahmens religionspädagogischen Problemen nachgehen bedeutet, interdisziplinär arbeiten müssen. Es bedeutet damit zugleich, sich stets auf eine Wissenschafts- und Methodenkombination einlassen zu müssen, in der keine Einzelwissenschaft oder Methode gegenüber den anderen normierende Kraft haben darf. Gefordert werden die verschiedenen wissenschaftlichen Aspekte, die zu erforschen sind, durch die Komplexität religionspädagogischer Phänomene; andererseits werden sie neben divergierenden Interessen durch ein *gemeinsames* zusammengehalten: die analytisch-kritische Frage nach religiösen Traditionen und ihren Wirkungen. Anders gesagt: Das *religionskritische* Interesse verbindet die einzelwissenschaftlichen Aspekte miteinander.[57]
Kritik ist dabei *positiv* verstanden als reflektierende, urteilende Auseinandersetzung mit Überliefertem und Gegenwärtigem. Insofern ist sie notwendige Bedingung jedes nächsten Schrittes. »Religionskritik ist weder mit der Attacke auf die etablierte Religion noch mit der Negation der Religion gleichzusetzen ... Angesichts der Ambivalenz, der vielstimmigen *Mißdeutbarkeit und Mißbrauchbarkeit aller Dimensionen der Religion,* darf behauptet werden, daß Religionskritik unentbehrlich zur Religion selbst hinzugehört. Wer die von der jüdisch-christlichen Religion nicht wegzudenkende Kritik der Propheten bejaht, kann die von Karl Marx und seinen Schülern ausgehende Kritik der Religion ... ebensowenig abtun ... Religionskritik ist nicht in irgendeinem Sinne zu widerlegen

---

56 Vgl. *J. Matthes,* Religion und Gesellschaft (1967). – Dabei bin ich offensichtlich in der Fragerichtung einig mit *K. E. Nipkow,* wie – über frühere Arbeiten hinausgehend – sein Aufsatz »Braucht unsere Bildung Religion? – Zur gesellschaftlichen Verwendung religiöser Erziehung und zur Gesellschaftsferne der Religionspädagogik« (in: *H. Horn* [Hg.], Begegnung und Vermittlung [1972], S. 37ff.) zeigt. – Daß hier im übrigen in solcher Pauschalität von *Religion* und *Gesellschaft* die Rede ist, empfinde ich zwar auch als problematisch, ist aber wohl bei der Bestimmung des generellen Bezugsrahmens kaum anders möglich, wenn man im Interesse der erst in jeweiliger Konkretisierung auftretenden Phänomene das Problemfeld nicht vorschnell durch eine »Definition« eingrenzen will. Dasselbe Interesse leitet auch *E. Feifel,* wenn er »Religion als operationalen Begriff« gebraucht, vgl. *E. Feifel* u.a. (Hg.), Handbuch der Religionspädagogik, Bd. I (1973), S. 46.
57 Vgl. dazu ausführlich: *H. Luther,* Kritik als religionspädagogische Kategorie, in: THP 8 (1973), S. 3ff. und *J. Lotts* religionspädagogischen Kommentar, ebd. S. 16ff., wo einerseits die bisherigen Verkürzungen im Verständnis von Kritik nachgewiesen sind, andererseits die Kategorie der Kritik überzeugend in unseren Diskussionszusammenhang eingeführt wird.

und damit zu überwinden; sie gehört vielmehr als kritischer Partner zur Religion hinzu, um ihr stets vor Augen zu halten, wann und wie sie sich selbst entfremdet.«[58]

Vorrangig wird die religionspädagogische Fragestellung konstituiert durch die Beteiligung folgender Disziplinen
- Religionswissenschaft
- Theologie (evangelische/katholische)
- Erziehungswissenschaft
- Sozialwissenschaften, einschließlich Psychologie.

Beispielhafte Problemfelder – also ohne Anspruch auf systematische Gliederung oder gar Vollständigkeit – religionspädagogischer Forschung, zu denen allen die *historische* Dimension aus gegenwärtigem Erkenntnisinteresse konstitutiv hinzugehört, sind:
- *Religion in der Familie*

z.B.: Religiöse Normen in der Familienerziehung / Religiöse Sozialisation in der Familie / Religiöse Prägungen des Vaterbildes / Familienrollen und Religion / Tugenden und ihre religiöse Fundierung / usw.
- *Religion in der Schule*

z.B.: Religiöse Faktoren in Erziehungsverständnis und Erziehungspraxis / Wirkungen von Religion auf nichtreligiöse Schulfächer / Religionsunterricht / Autorität und Religion / Konfession und Schulkonzeption / Religiöse Aspkete der Schulgesetzgebung / usw.
- *Gesellschaftliche Wirkungen religiöser Erziehung*

z.B.: Religiöse Erziehung als politische Erziehung / Politische Erziehung als religiöse Erziehung / Politische Wirkungen des Religionsunterrichts / Religiöse Wertungen im öffentlichen Leben / Militärpädagogik und Militärseelsorge / Religion und Aggression / Friedensforschung als religionspädagogisches Problem / Religion und Beruf / usw.
- *Kirche und allgemeine Erziehung*

z.B.: Kirche als Volkserziehungsinstitut / Indoktrination als pädagogisches Phänomen / Frömmigkeit unter sozialpädagogischem und sozialpsychologischem Aspekt / Kirche als Institution politischer Erziehung / Die pädagogische Struktur kirchlicher Handlungen / usw.

Das zuletzt genannte religionspädagogische Problemfeld »Kirche« ist darüber hinaus aber auch noch durch spezielle Interessen bestimmt, die sich auf die *interne Situation der Kirchen* und ihrer Theologien richten. Sie sind partiell – freilich in unserer Perspektive mißverständlich – mit dem erfaßt, was traditionell Katechetik genannt wird. Das gemeinte Problemfeld kann dann sinnvoll bearbeitet werden, wenn es als *spezieller* Fragenkreis erkannt ist, der der oben umschriebenen Religionspädagogik gegenüber *untergeordnet* und sachlogisch *abhängig* ist. Ich kehre hier die Logik, die *Schilling* bestimmt, also bewußt um. In dieses Feld gehören vorzugs-

---

58 E. *Feifel,* in: Handbuch der Religionspädagogik, Bd. I (1973), S. 38 (Hervorhebungen dort).

weise jene Fragen hinein, die z.B. *Bastian* zusammengestellt hat, also etwa:
- systematische Probleme zwischen Glauben und Erziehung
- Reflexion pädagogischer Strukturen kirchlichen Handelns
- kircheneigener Jugendunterricht
- kircheneigene Erwachsenenbildung
- kirchliche Jugendarbeit
- kircheneigene Ausbildungsprobleme
- usw.

Es geht dabei um das legitime Interesse der Kirche, ihr Selbstverständnis, ihr Welt- und Menschenverständnis usw. didaktisch reflektiert zu vermitteln. Die Aufgabe, ein eigenständiges »Bildungsangebot« bereitzustellen – und dies als einen entscheidenden Ort geistiger Auseinandersetzung mit »Zeit« und »Situation« zu begreifen –, ist in dem Maße gewachsen, in dem das Interesse der Kirchen nicht mehr durch andere Institutionen, z.B. durch Schulunterricht, wahrgenommen wird und zugleich traditionelle kirchliche Vermittlungsweisen (Gesamtkatechumenat, Bibelstunde, Gottesdienst usw.) erneuter, sehr komplexer Reflexion bedürfen.

Unmißverständlich ist festzuhalten, daß diese Fragestellungen nicht von den allgemeinen religionspädagogischen isoliert werden können. Sie können *eigenständig* nur *innerhalb* des obengenannten Bezugsrahmens (Religion und Gesellschaft) *adäquat* bearbeitet werden und unter Beachtung einer unhierarchischen, nicht normativ gesteuerten Methoden- und Disziplinenvielfalt. Dabei stellt sich dann selbstverständlich auch das Problem der Auseinandersetzung mit früheren Konzeptionen der Katechetik und mit der Geschichte der Katechetik als einer Disziplin der Praktischen Theologie überhaupt.[59]

Diese Differenzierung hinsichtlich religionspädagogischer Fragestellungen, die die Kirchen im speziellen Sinne betreffen, berührt sich mit Gedanken, die *H. Halbfas* vertreten hat[60], unterscheidet sich aber zugleich in wichtigen Punkten davon. *Halbfas'* Interesse teile ich: das katechetische Interesse der Kirche im Unterschied zur allgemeinen religionspädagogischen Fragestellung zu präzisieren, um so den Begriffsverwirrungen zu wehren. Sein in diesem Zusammenhang entwickeltes Verständnis von Religionspädagogik überschneidet sich vielfach mit den hier angestellten Überlegungen (Nuancen mögen im Augenblick auf sich beruhen). Doch *Halbfas'* Interesse, Katechetik und Religionspädagogik in ihrer je eigenen Problemstellung zu profilieren, führt ihn zu Bestimmungen von Katechese und Katechetik, die den religionspädagogischen *Gesamtzusammen-*

---

59 S.o. Kap. 1.1.
60 *H. Halbfas*, Religionsunterricht und Katechese. Zur wissenschaftstheoretischen Ortsbestimmung, in: *D. Zillessen* (Hg.), Religionspädagogisches Werkbuch (1972). – Vgl. ebd. die Artikel von *A. Exeler*, Kirchliche Katechese (S. 28ff.) und *K. Lubkoll*, Pädagogische Bemühungen der Kirche (S. 35ff.); bei beiden weitere Literaturangaben zum Problem.

hang m.E. unvertretbar vernachlässigen und dadurch die pädagogische Aufgabe der Kirche in eine folgenreiche Engführung geraten lassen. Das wird an seinen Ausführungen zur »Katechese« (Verkündigungsauftrag!) ebenso deutlich wie an der Charakterisierung der Katchetik: »Der somit allseits gesehene und bejahte kirchliche Charakter der Katechese *zwingt zu einer bewußten ekklesiologischen Ausrichtung* (sic!) der katechetischen Wissenschaft und Praxis. Die Zustimmung, ›daß die Kirche Subjekt der Katechese und daß die Katechese Werk der Kirche ist‹ *(E. Feifel)* bestimmt auch den wissenschaftstheoretischen Ort der Katechetik.«[61] Darin scheint mir die um der Kirche willen erforderliche Nötigung, gerade spezifisch *kirchliche* religionspädagogische Aufgabenstellungen vor einem *weiteren* Problemhorizont zu reflektieren, nicht gewahrt.

Der Unterschied der auf die Kirche bezogenen Fragerichtung im Verhältnis zum Problemfeld »Kirche und allgemeine Erziehung« ist folgendermaßen zu bestimmen:

Dort geht es vorrangig um die *Rolle von Religionen und Kirchen in Erziehungsprozessen* in Geschichte und Gegenwart – hier geht es vorrangig um *Erziehungsprozesse in den Kirchen* der Gegenwart und ihre reflektierte Anordnung. Geht es also dort eher um *Traditionsanalyse,* so hier mehr um *Zukunftsdispositionen* betroffener Kirchen. Dabei ist auch das jeweilige Erkenntnisinteresse ein unterschiedliches: dort kritische Aufarbeitung im größeren Zusammenhang von Religion – hier das gar nicht zu verheimlichende, gar nicht suspekte Interesse (das übrigens die ältere Katechetik noch sehr viel offener ausspricht), den »neu anzubildenden Gliedern« der Kirche *(Zezschwitz)* ebenso wie den ihr zugehörigen *pädagogisch* so qualifiziert wie möglich gerecht zu werden.

IV
Zusammenfassung

Wenn wir andernorts[62] die Praktische Theologie als kritische Theologie religiös vermittelter Praxis in der Gesellschaft bezeichnet haben – nicht im Sinne einer Definition, sondern eher als permanent zu überprüfende und weiterzuentwickelnde »Versuchsanordnung« für einheimische Fragestellungen –, dann könnte man jetzt im Anschluß daran sagen:

61 H. *Halbfas,* aaO. S. 11.
62 Vgl. dazu außer dem in Anm. 45 genannten Aufsatz von *B. Päschke* meinen Einleitungsartikel in: *G. Otto* (Hg.), Praktisch-theologisches Handbuch (1970), S. 9ff.: Zur gegenwärtigen Diskussion in der Praktischen Theologie; weitergeführt in meinem Beitrag: Praktische Theologie als Theorie religiös vermittelter Praxis, in: *R. Zerfass u.a.* (Hg.), Praktische Theologie (1974) und in meinem Einleitungsartikel zur Neuauflage von: *G. Otto* (Hg.), Praktisch-theologisches Handbuch (1975²). Insbesondere gilt das dort entwickelte Verständnis von *Theorie, Kritik* und *Geschichte* ebenso für den religionspädagogischen Zusammenhang. Jetzt ausführlich: *G. Otto,* Grundlegung der Praktischen Theologie (1986).

Religionspädagogik ist – in Analyse, Reflexion und Konzeption – im Zusammenhang diverser Materialien und Problemkombinationen *kritische Theorie jener religiös vermittelten und religiös fundierten Verhaltensweisen*, die im Zusammenhang von Erziehung und Unterricht die Lebenspraxis von Kindern, Jugendlichen und Erwachsenen in verschiedensten Bereichen der Gesellschaft – außerhalb wie innerhalb von Kirchen und Konfessionen – in Geschichte und Gegenwart bestimmen.[63]

---

[63] Dies kann nur im Zusammenhang mit einer sich selber ebenso kritisch verstehenden Erziehungswissenschaft geschehen, z.B.: *H. J. Heydorn*, Art. Erziehung, in: *G. Otto* (Hg.), Praktisch-theologisches Handbuch (1975²), S. 152ff.; *J. Beck u.a.*, Erziehung in der Klassengesellschaft (1970). – *S. Vierzig*, Das Normenproblem in der Religionspädagogik; *H. A. Zwergel*, Zum Begründungsproblem einer kritischen Religionspädagogik, in: Religion heute. Informationen zum Religionsunterricht 5 (1973), Heft 1 und 4 nähern sich diesem Verständnis teilweise – Einzelheiten wären zu diskutieren –, verbleiben aber beide im Umkreis der Problematik von Religionsunterricht in der Schule und seiner Begründung. Mir liegt daran, genau diese Selbstbegrenzung religionspädagogischer Fragestellung zu durchbrechen.

2

Die bleibende Bedeutung der hermeneutischen Frage

2.0
Vorbemerkung

Die Einbeziehung der hermeneutischen Frage in die Reflexion von Theorie und Praxis des schulischen Religionsunterrichts führte seit Ende der fünfziger Jahre zu einem gegenüber der Evangelischen Unterweisung neuen Verständnis des Religionsunterrichts. In der Kritik an diesem sogenannten »Hermeneutischen Religionsunterricht«, die Ende der sechziger Jahre begann und durch vielfältige Komponenten bedingt war (politisch-gesellschaftliche, psychologisch-schulorganisatorische, ideologiekritische, theologische u.a.), konnte es zeitweilig so scheinen, als gerate das Gewicht der hermeneutischen Frage für *jedes* Unterrichtskonzept in Vergessenheit.
Demgegenüber ist festzuhalten: Didaktik und Hermeneutik sind unlösbar miteinander verknüpft. Zur didaktischen Reflexion, gleichgültig um welches Schulfach es sich handelt, gehört zwingend die hermeneutische. Daß dies so deutlich geworden ist, ist der Gewinn der Diskussion um 1960. Auch wer mit guten Gründen an der damals entwickelten Fassung eines hermeneutischen Religionsunterrichts Kritik übt, auch wer das damals dominierende Hermeneutikverständnis in Frage stellt – er bleibt für die Verwirklichung seiner didaktischen Intentionen auf ein adäquates Verständnis von Hermeneutik angewiesen, sofern Unterricht *Verstehen* eröffnen und für *Handeln* qualifizieren soll.
Darum ist der »Ethik«-Unterricht, will er nicht in Oberflächlichkeiten versanden, gut beraten, wenn er sich die hermeneutische Diskussion in der Religionspädagogik auch als *Vorarbeit* für seine *eigene* Theoriebildung zunutze macht.
Die Abschnitte 2.1 und 2.2 markieren zwei Stationen der Diskussion, die über zwanzig Jahre auseinanderliegen. Rudolf Bultmanns hundertster Geburtstag im Jahr 1984 war der nicht nur äußerliche Anlaß, die hermeneutische Frage im Licht ihrer Diskussion in den vergangenen zwei Jahrzehnten erneut aufzugreifen und dabei auch noch einmal genauer nach Rudolf Bultmanns Bedeutung für die Religionspädagogik zu fragen.

2.1
Religionsunterricht als hermeneutische Aufgabe[1]
Erster Teil

Die sogenannte hermeneutische Frage ist zu einem der meist verhandelten Themen gegenwärtiger Theologie geworden. Es scheint kein theologisches Problem mehr zu geben, das nicht hermeneutisch thematisiert wird, und – dessen überdrüssig – mag man fragen: Soll und muß das nun auch noch für ein so elementares Geschäft wie den Religionsunterricht der Schule geschehen? Wenn es aber im Unterricht um ein *Verstehen* dessen, was unterrichtet wird, gehen soll[2] – und wer hätte es nicht darauf abgesehen? –, müßte sich dann nicht gerade an der elementaren Struktur des Unterrichts die hermeneutische Problematik, vor die Kirche und Theologie insgesamt gestellt sind, besonders deutlich zeigen lassen? Sollte diese Vermutung richtig sein, müßten sich dann nicht auch – so fragen wir weiter – aus der hermeneutischen Fragestellung begründete Weisungen für Weg und Aufgabe konkreten Religionsunterrichts gewinnen lassen? Und ebendies wäre ja angesichts des Dilemmas dieses Faches in der Gegenwart in der Tat dringlich genug.

Wir gehen diesen Fragen in vier Schritten nach. Zuerst (I) sind einige einleitende Bemerkungen zum Thema Kind und Sprache nötig. Daraus ergibt sich (II) die Wendung zu Sprache und Unterricht, aus der sodann (III) konkrete Weisungen für den Religionsunterricht zu erheben sind; abschließend (IV) fragen wir zusammenfassend nach entscheidenden Charakteristika eines sich als hermeneutische Aufgabe verstehenden Religionsunterrichts.[3]

I

Will man die Mitte der hermeneutischen Problematik recht begreifen, nämlich: die *Sprach-Existenz* des Menschen, und soll *zugleich* das Spezifikum des Religionsunterrichts angemessen in unser Blickfeld kommen, dann ist es nötig, gerade *nicht* bei theologischen oder religionspädagogischen Überlegungen einzusetzen, sondern bewußt davor. Daher fragen

---

1   Öffentliche Antrittsvorlesung, gehalten am 18. 7. 1963 in der Johannes-Gutenberg-Universität zu Mainz.
2   *H. Stock*, Studien zur Auslegung der synoptischen Evangelien im Unterricht (1959) versteht die Situation allen Religionsunterrichts von Acta 8,30f. her (s. S. 37). – *H. Stock* und *M. Stallmann* (s. Anm. 17 und 40) haben das Verdienst, nach 1945 die hermeneutische Frage für den Religionsunterricht als erste eindringlich expliziert zu haben. – Obwohl der Untertitel zu *K. Frör*, Biblische Hermeneutik (1961) sich ausdrücklich auf »Schriftauslegung in Predigt und Unterricht« bezieht, wird das hermeneutische Problem als direkte Aufgabe des konkreten Unterrichtsvollzugs nur wenig expliziert.
3   Zur Literatur vgl. *G. Ebeling*, Art. Hermeneutik, in: RGG III (1959³), Sp. 242ff.; s. auch Art. Sprache, in: RGG IV (1962³), Sp. 263ff.

wir als erstes wenigstens in aller Kürze: Wie *erfährt* der in die Welt und das Leben hineingehende und hineinzuführende junge Mensch Welt und Leben? In diese Grundfrage ist unvermeidlich immer schon die andere Frage nach der Grundaufgabe *aller* Erziehung und *allen* Unterrichts mit eingeschlossen.

Die Antwort lautet: In der Sprache wird der Mensch Teilhaber von Welt und Leben. »Der Mensch tritt nicht durch die Geburt in das Menschenleben ein, sondern durch das erste Wort, das an ihn gerichtet wird«, hat *Klaus Schaller* treffend bemerkt. Und er sagt weiter: »In der Sprache wird die eigentümliche, menschliche Art des In-der-Welt-Seins gestiftet. In der Sprache geht dem Menschen, anders als jedem anderen Lebewesen – die Welt auf.«[4] Dieser Welt-Aufgang beginnt nun aber nicht im eigenen Sprechen-Können, sondern im Angesprochenwerden, im An-Spruch des anderen, in der Regel im An-Ruf durch die Mutter. Und diese »In-Anspruchnahme ist die eigentliche Geburt des Menschen«[5]. In ihr wird er der Welt und dem Leben geboren.

Dabei will genau akzentuiert sein: Nicht *durch* die Sprache, sondern *in* der Sprache geschieht solche Geburt zur Teilhabe. Sagten wir »durch die Sprache«, so würde dabei die Sprache unter der Hand zu einem nur benennenden Medium. Dies aber ist sie gerade nicht, wie man nirgends besser als im Prozeß des Sprechenlernens eines Kindes – als Prozeß des Weltgewinnens – beobachten kann. Sprache benennt nicht nur die Welt, sondern in der Sprache wird dem Kind die Welt zu-gesprochen. Wirklichkeit wird erst sprachlich wirklich.[6]

Dann aber ist jene kindliche Ursituation des Gewinns der Welt und des Lebens in der Sprache die instruktivste und zugleich schönste Verifikation aller neueren hermeneutischen Grundthesen. Das kann man leicht überprüfen. Wenn *Ernst Fuchs* sagt: »Wo ein verständliches Wort ist, da geschieht Sein, da zeigt sich, was ist«[7] oder wenn *Gerhard Ebeling* die Grundstruktur des Wortes als Mitteilung im Sinne »von Partizipation und Kommunikation«[8] bezeichnet und auf die hermeneutische Funktion des

---

4 K. *Schaller*, Vom »Wesen« der Erziehung (1961), S. 34.
5 Ebd. – Auf K. *Schallers* Thesen zum Gespräch zwischen Theologie und Pädagogik und zur pädagogischen Praxis der Kirche, wie er sie insbesondere in seiner Skizze »Die Krise der humanistischen Pädagogik und der kirchliche Unterricht« (1961) vorgelegt hat, kann hier nicht im einzelnen eingegangen werden. Zu betonen ist aber – trotz J. *Derbolavs* in Einzelheiten sicher berechtigter Kritik, vgl. Zeitschrift für Pädagogik 7 (1961), S. 246ff. –, daß *Schallers* Thesen im besten Sinne des Wortes diskutabel sind! Vgl. auch Th. *Ballaufs* Besprechung, in: Kant-Studien, hg. von G. *Martin*, Bd. 53, 1961/62, S. 92ff.
6 Vgl. dazu das schöne Nachwort in: H. M. *Enzensberger,* Allerleirauh. Viele schöne Kinderreime (1961).
7 E. *Fuchs,* Das Problem der theologischen Hermeneutik, in: Zum hermeneutischen Problem in der Theologie. Die existentiale Interpretation (1959), S. 129. – Vgl. auch *ders.,* Hermeneutik (1958²), S. 63: »Nicht der Mensch hat die Sprache geboren.« Dazu auch ebd. S. 69 und S. 131f.
8 G. *Ebeling,* Wort Gottes und Hermeneutik, in: Wort und Glaube (1960), S. 342.

Wortes selbst verweist[9] oder wenn *Hans Georg Gadamer* betont, die Sprache sei nicht nur eine »Ausstattung« des Menschen, »sondern auf ihr beruht und in ihr stellt sich dar, daß die Menschen überhaupt *Welt* haben«[10], oder wenn *Martin Heidegger* bemerkt: »Als der Sprechende ist der Mensch Mensch«[11] – wenn man alle diese Grundthesen über die Beziehung von Mensch – Sprache – Welt nimmt, dann spiegeln sie ihre Reichweite und gewinnen den Erweis ihrer Richtigkeit gerade auch am sprechenlernenden Kind. Die hermeneutische Grundfrage nach dem »Wesen« der Sprache ist im Kind, das in der Sprache zur Welt geboren wird, beantwortet.[12]

II

So zeigt sich: Mensch und Sprache sind nicht zwei Begriffe, sondern *ein* Thema. Das aber gilt es für die Grundaufgabe der Schule zu bedenken. Wenn Schule und Unterricht insgesamt mit dem in Welt und Leben hineinführenden Weg des heranwachsenden Menschen zu tun haben[13], dann ist Schule wesenhaft Sprach-Schule und der Weg des Unterrichts wesenhaft ein Sprach-Weg.
Aber zwischen der Situation des sprechenlernenden Kindes und der Situation des Schülers, der eine Sprache, zum Beispiel die biblische Sprache, lernt, ist ein Unterschied. Diesen Unterschied bedenken wir, indem wir uns nun unmittelbar dem Religionsunterricht zuwenden und seine hermeneutische Grundsituation mit einigen Hinweisen zu charakterisieren versuchen.
Im Religionsunterricht lernt der Schüler die biblische Sprache in ihrer besonderen Prägung kennen. Die biblische Sprache liegt in Texten vor. Sie ist im Unterschied zur Sprache, die das Kind lernt, nicht einfach die gesprochene Sprache gleichzeitiger geschichtlicher Gegenwart, sondern in Texten verfaßte, in Texte »eingebundene« Sprache. Sie ist gebunden an die Autoren der Texte. Diese Bindung macht den *Abstand* zur gegenwärtigen Sprache aus, den man sich radikal klarmachen muß. Die gegenwär-

9   *Ders.*, aaO. S. 334. – Vgl. dazu auch *ders.*, Das Wesen des christlichen Glaubens (1959), S. 102ff. (»Die Mitteilung des Glaubens«) und S. 243ff. (»Wort Gottes und Sprache«).
10 *H. G. Gadamer*, Wahrheit und Methode. Grundzüge einer philosophischen Hermeneutik (1960), S. 419, vgl. auch S. 426.
11 *M. Heidegger*, Die Sprache, in: Unterwegs zur Sprache (1959), S. 11. – Vgl. dazu auch *ders.*, Der Weg zur Sprache, in: Die Sprache, hg. von der Bayerischen Akademie der Schönen Künste (1959), S. 93ff.
12 Zur psychologischen Problematik s. u.a. *R. A. Spitz*, Nein und Ja. Die Ursprünge der menschlichen Kommunikation (o.J.) (tiefenpsychologisch). – *A. Gesell*, Säugling und Kleinkind in der Kultur der Gegenwart (1953²) (empirisch). – *W. Hansen*, Die Entwicklung des kindlichen Weltbildes (1960⁵), bes. S. 119f.
13 Zum Verständnis der Schule vgl. *M. J. Landeveld*, Die Schule als Weg des Kindes (1960).

tige Sprache »lernt« das Kind lebend, und: die gegenwärtige Sprache sprechend, »lernt« es leben. Diesen Vorgang kann man nur im übertragenen Sinne des Wortes als Lernen bezeichnen. Die biblische Sprache jedoch muß der Schüler wegen ihrer Bindung und ihres Abstandes im strengen Sinne des Wortes: lernen, verstehen lernen. Diese Sprache muß gelehrt werden.[14]

Wie geschieht das? Es geschieht so, daß die Texte, die die biblische Sprache *gebunden* in sich bergen, derart *hören* und *lesen* gelehrt werden müssen, daß sie in *unsere* Sprache *entbunden* werden.[15] Religionsunterricht ist insofern nichts anderes als *Sprach-* und *Lese*-Unterricht. Damit ist seine Gesamtaufgabe bezeichnet.

Hören und Lesen lehren heißt auf den Weg des Verstehens bringen. Denn Sprache und Verstehen liegen an *einem* Ort. Sprechen und verstehen »sind wesentlich identisch«[16]. Daraus erwächst die hermeneutische Aufgabe auf allen Altersstufen. Die Verwandlung von Texten in Sprache geschieht in der Erzählung des ersten Schuljahres wie in der Arbeit der Oberprima. Der Unterschied liegt nicht im verschiedenen *Maß* der hermeneutischen Aufgabe. Er liegt einerseits in der unterschiedlichen *Art* dieser Aufgabe, andererseits darin, daß sie jeweils unterschiedlich weitgehend vom Lehrer *für* die Schüler wahrgenommen beziehungsweise vom Lehrer *mit* den Schülern geleistet werden muß. Gleicherweise gestellt ist die Aufgabe immer.

Wie ist nun der Weg des Verstehens als Sprach-Lehre und darin Spracherwerb zu charakterisieren? Er verläuft gleichsam zwischen zwei Markierungen. Zwischen diesen beiden Markierungen geschieht die Bewegung des Unterrichts.

Einerseits regiert die Frage: *Was steht da geschrieben*? Aber diese eine Markierung reicht nicht hin. Orientiert man sich nur an ihr, führt man nicht zum Verstehen, sondern zu der irrigen Meinung, daß Verstehen identisch sei mit geistloser Wiederholung alter Wörter. Daß solche Beschäftigung langweilig ist, ist die Erfahrung vieler Schülergenerationen. Darum muß man hinter die Frage »was steht da?« sowohl zurück- wie auch über sie hinausgehen, wenn verstanden werden soll, was da steht.[17]

14 Dabei lassen wir jetzt bewußt aus dem Spiel, daß die beiden Weisen des Sprache-Lernens sich natürlich auch aufeinander beziehen lassen! Um der Klarheit des Grundgedankens willen trennen wir scharf, was in Wirklichkeit zwar zweierlei ist, sich aber beständig überschneidet.
15 Vgl. *H. G. Gadamer,* aaO. S. 368. – *I. Baldermann,* Biblische Didaktik. Die sprachliche Form als Leitfaden unterrichtlicher Texterschließung am Beispiel synoptischer Erzählungen (1963), S. 26 und S. 39f.
16 *H. Kimmerle,* Hermeneutische Theorie oder ontologische Hermeneutik?, in: ZThK 59 (1962), S. 128.
17 Vgl. *H. G. Gadamer,* aaO. S. 352: »Wer verstehen will, muß also fragend hinter das Gesagte zurückgehen. Er muß es als Antwort von einer Frage her verstehen, auf die es Antwort ist. So hinter das Gesagte *zurückgegangen,* hat man aber notwendig über das Gesagte *hinausgefragt*« (Hervorhebungen dort). – Vgl. auch *M. Stallmann,* Christentum und Schule (1958), S. 98 und S. 100.

Das heißt: Als andere Markierung des Weges muß eine zweite Frage hinzutreten: *Was ist mit dem Geschriebenen gemeint und gewollt?* So erst erreichen wir das Herz des Textes, so erst werden wir selbst erreicht; hier holt Auslegung die bloße Reproduktion von Wörtern ein.[18] In der Zusammenordnung der beiden Fragen – was steht da? und: was ist gemeint? – geschieht die Rückverwandlung der Texte in Sprache. »Solche Rückverwandlung in Sprache ... stellt aber immer zugleich ein Verhältnis zum Gemeinten, zu der Sache her, von der da die Rede ist.«[19] Nur indem wir *beide* Fragen hören, *beiden* Fragen folgen, entgehen wir der Gefahr, gerade *durch* Unterricht die biblische Sprache und was sie uns zu sagen hat zu töten.[20]

Wohlverstanden: Die beiden genannten Fragen sind keine »Stufen« des Unterrichts, und sie bezeichnen nicht den äußeren Unterrichtsaufbau. Sie bezeichnen den *inneren* Weg vom Text zur Sprache, das heißt: die Struktur von Auslegung und Verstehen in einer Situation, deren Kennzeichen ist: Verstehen ist nicht selbstverständlich. Deswegen gilt es im Unterricht, »Störungen zu beseitigen, um das Wort in seiner eigenen hermeneutischen Funktion wirken zu lassen«[21]. Es geht also in unserem Zusammenhang weder um hermeneutische Regeln noch um unterrichtsmethodische Schritte, sondern wir befinden uns noch vor solchen Einzelüberlegungen, nämlich beim Grundmodell von Unterricht, der Verstehen ermöglichen soll.[22]

Im letzten schießen beide Fragen zusammen. Im Unterricht will ihre innere Einheit erfahren werden. Das kann und muß an vielfältigen Beispielen der vielgestaltigen biblischen Überlieferung geschehen. Der Schulanfänger erfährt, etwa in der Erzählung, die innere Einheit unreflektiert; das heranwachsende Kind und der Jugendliche aber müssen sie durch *Einsicht* erwerben. Beide, Schulanfänger wie Jugendlicher, können so vernehmen: In den Texten der Bibel, die Sprache werden, macht sich ein Antwort heischender Anspruch und ein Verwunderung erregendes Angebot geltend. Die Sprache lehrt es. Aber man muß auch gelehrt werden, den Weg der Sprache zu gehen. Unter Bezug auf die beiden markierenden Fragestellungen kann man sagen: Es ist der Weg vom Verstehen *von* Sprache zum Verstehen *durch* Sprache.[23] So kommt das Wort in seine her-

---

18   Vgl. *H. G. Gadamer*, aaO. S. 447: »Nur weil ein Text aus seiner Fremdheit ins Angeeignete versetzt werden muß, ist für den Verstehenwollenden überhaupt etwas zu sagen. Nur weil der Text es fordert, kommt es also zur Auslegung und nur so, wie er es fordert.«
19   *H. G. Gadamer*, aaO. S. 368.
20   *M. Mezger*, Glaube und Sprache (1963) führt auf dieselbe Linie hinaus, wenn er, ohne in seinem Zusammenhang den Unterricht besonders zu meinen, von der Aufgabe der Umformung der Sprache und Vorstellungswelt des Glaubens spricht (S. 30, überhaupt S. 28ff.).
21   *G. Ebeling*, aaO. S. 34 (vgl. auch S. 335).
22   Vgl. *H. Kimmerle*, aaO. bes. S. 121.
23   Vgl. *G. Ebeling*, aaO. S. 333f.

meneutische Funktion. Es wird im Humboldtschen Sinne zur »Erzeugung«[24].

III

Welche konkreten Weisungen bis hin zur Unterrichtspraxis lassen sich nun für solche biblische Sprach-Lehre geben? Es müssen, sollen sie angemessen und fruchtbar sein, Weisungen sein, die sich einerseits an der Eigenart der biblischen Überlieferung orientieren und die andererseits die spezifischen Verstehensmöglichkeiten und -schwierigkeiten des Schülers berücksichtigen.
Wir stellen vier beispielhafte Hinweise unverbunden nebeneinander. An diesen Hinweisen soll die hermeneutische Situation des Unterrichts und zugleich die Weise, ihr sinnvoll zu entsprechen, sichtbar werden. Dabei handelt es sich nahezu um theologische Selbstverständlichkeiten, doch werden sie *didaktisch* ernst genommen?

1. Wenn die Texte Sprache werden sollen, dann muß am Ende des reinen Erzählalters, also bei etwa Zehnjährigen, begonnen werden, in elementarer Weise in das *Verhältnis von Sprache und Wirklichkeit* einzuführen. Denn am Mißverständnis dieses Verhältnisses entzünden sich ja gerade die Fragen der heranwachsenden Schüler. Diese Einführung in das Verhältnis von Sprache und Wirklichkeit betrifft keineswegs nur den Religionsunterricht, ja sie ist gar nichts spezifisch Theologisches, aber im Religionsunterricht muß dieser Grund bewußt gelegt werden, wenn er nicht, was selten genug ist, vorgefunden wird.
Worum geht es dabei? Es muß dem Kind etwas *bewußt* gemacht werden, worin und womit es *unbewußt*, gleichsam vorrational, lange schon lebt. Nämlich dies: Die Beziehung der Sprache auf die Wirklichkeit ist mehrschichtig. Bewußt neigen heranwachsende Kinder und Jugendliche vorerst offensichtlich zur einlinigen Erfassung dieses Verhältnisses, und zwar folgendermaßen: Im Text haben wir den *Bericht* eines *Faktums* vor uns. Stimmen Bericht und Faktum überein, wird der Bericht für *wahr* gehalten. Der Wahrheitscharakter wird am überzeugendsten, wenn ein *Beweis* für das berichtete Faktum erbracht ist.
Solchem einlinigen Modell des Verhältnisses Sprache – Wirklichkeit gegenüber muß nun die Mehrschichtigkeit dieses Verhältnisses zum Zuge gebracht werden. Das Wissen um diese Mehrschichtigkeit ist die Voraussetzung des dem Erwachsenen gemäßen Zugangs zur sprachlichen Überlieferung. Diese Aufgabe beginnt nun didaktisch am sinnvollsten gerade *nicht* an biblischen Texten, damit deutlich wird, daß hier kein spezifisch religiöses Problem vorliegt, das etwas einer besonderen »Sprachrege-

---

24 Vgl. dazu *M. Heidegger,* Der Weg zur Sprache, aaO. S. 98.

lung« bedürfte. Vielmehr soll ja gerade deutlich werden, daß Gottes Wort in menschlicher Sprache redet und menschliches Verstehen will – wie sollte es auch anders sein?
Konkret geht es um die Überwindung des in vielfältigen Variationen auftretenden Grundirrtums – der als Erbschaft lange überholten naturwissenschaftlichen Denkens unter Erwachsenen übrigens ebenso verbreitet ist –, daß die Mitteilung von Wahrheit und Wirklichkeit an die Form und den Modus der Berichterstattung gebunden sei. Daß Wahrheit und Wirklichkeit auch in ganz anderen Weisen als der des Berichts, im Deuten, Dichten, Bekennen etwa, sagbar sind, das will an der Umgangssprache mit ihren Bildern und Wendungen, im Sprichwort, im Lied, in der Legende, in der Dichtung an Beispielen aufgespürt werden. Wohlverstanden: nicht um dadurch biblische Inhalte zu ersetzen, sondern um am unmittelbar zugänglichen Material Schritt um Schritt bewußt zu machen und zu üben, was es überhaupt mit der Sprache auf sich hat.[25]
Obwohl es jeder eigentlich immer schon weiß, muß er etwas sehr Einfaches lernen, denn es ist ihm nicht bewußt. Was ist es? Dies zum Beispiel: Daß der Satz: »Lügen haben kurze Beine« oder der Satz: »Die Sonne lacht am Himmelszelt« oder der Satz: »Die Bäume schlagen aus« – daß solche Sätze wahrlich keine hieb- und stichfesten historisch oder naturwissenschaftlich verifizierbaren »Berichte« sind, obschon sie wahre Wirklichkeit mitteilen. Die hier in der Regel *unbewußt* vom Hörer vollzogene Unterscheidung zwischen Gesagtem und Gemeintem muß *bewußt* durchschaut werden.[26] Von so einfachen Vorübungen her – die Ausgangspunkt sind und natürlich nicht schon die ganze Problematik der Auslegung biblischer Sprache erfahren lassen – öffnet sich der Zugang zur Eigenart der Sprache und auch zur biblischen Sprache, und es kann der platte, aber doch sich als Hindernis allen Unterrichts immer wieder geltend machende Satz überwunden werden: »Was nicht so gewesen ist, wie es da steht, ist nicht wahr!«
2. Der zweite didaktisch relevante Gesichtspunkt ergibt sich aus der verflochtenen *Entstehungsgeschichte der biblischen Bücher* und dem Weg des Zusammenwachsens mitsamt allen daraus resultierenden inhaltlichen Prägungen, Überschneidungen, Parallelen und Widersprüchen. Hier liegt nämlich gerade nicht eine Erschwerung des Unterrichts, wie man leicht meint, sondern umgekehrt: Hier liegen reiche didaktische Möglichkeiten, in die Eigenart biblischer Überlieferung einzuführen, indem man gleichsam hinter ihre Kulissen schauen läßt. Zum Textabschnitt, der unterrichtet wird, gehört der *Weg* des Textes in seinem Gewordensein,

25 Vgl. auch *H. Stock*, aaO. S. 24f.
26 In dieser Form kann man schon mit zehnjährigen Kindern beginnen zu arbeiten und nicht erst in der Pubertätszeit, wie immer wieder behauptet wird. Der Irrtum in der Antwort auf die Frage nach dem möglichen Alter für solche Aufgabenstellungen liegt meist darin, daß man die Aufgabe der Unterscheidung zwischen Gesagtem und Gemeintem viel zu schwierig und zu »theologisch« ansetzt.

da, wo er durchschaubar ist, eingeschlossen die entscheidenden Situationen seiner Entstehung, Prägung, Neufassung: von der mündlichen Überlieferung über Tradition und Redaktion bis hin zur vorliegenden Endgestalt.[27] Das ist, didaktisch gesehen, eine *genetische* Betrachtungsweise, in der konkrete menschliche Situationen in ihrer ganzen Farbigkeit dem Text seine kühle Ferne nehmen helfen: *Wer* spricht *wie, wann* und *wo* zu *wem*?[28] So stößt man auf das, was mit dem *Gesagten gemeint* ist, z.B. in der Schöpfungsgeschichte oder in der Versuchungsgeschichte oder in der urgemeindlichen Deutung eines Gleichnisses. Auf diesem Weg wird der Text für den Schüler wieder Sprache, so werden Texte in Sprache »umgesprochen«. Hier liegen konkrete Ansatzpunkte realistischen Verstehens. Gleichzeitig wird so die Eigenart des biblischen Überlieferungsweges an Beispielen erfahren, die über sich hinausweisende, erschließende Kraft auch für andere Texte haben können.

3. Unmittelbar damit hängt ein dritter Gesichtspunkt zusammen, den wir hier nur für das Alte Testament andeuten können, der aber in entsprechend modifizierter Weise für das Neue Testament nicht weniger gilt. Der Entstehungsweg des Alten Testaments ist ja nicht nur ein literarischer Prozeß. Es ist der *Weg der Geschichte Israels* und seines Glaubens. Das heißt: Der Weg Gottes mit diesem Volk und der Weg dieses Volkes mit Gott. Auf dem Weg durch diese Geschichte hat Gott sich Israel zugewandt. *Gerhard von Rad* hat gezeigt, daß sich die Jahwe-Offenbarung »in eine lange Folge von einzelnen Offenbarungsakten mit sehr verschiedenen Inhalten«[29] zerlegt. In der Geschichte erfährt das Volk, wer Gott ist und wie Gott es anredet. Didaktisch bedeutet das: Alttestamentliche Texte werden wieder Sprache, indem sie in die ihnen zugehörige ursprüngliche historische Situation eingebunden unterrichtet werden. Damit ist keine »Historisierung« des Alten Testaments gemeint, auch kein dünner Leitfaden der Geschichte Israels, sondern die hinter jeder alttestamentlichen Aussage stehende Trias Gott-Volk-Geschichte will jeweils neu *konkret* erfahrbar gemacht werden. Denn so erschließt sich ja allererst das Verständnis. Genesis 1-11 ist also auch im Unterricht nur von Genesis 12ff. her verständlich und nicht, wie Lehrpläne oft vermuten lassen, umgekehrt. Oder: Die Bedeutung der Nathanweissagung in 2. Samuel 7 zeigt sich überhaupt erst, wenn man sie von der Entstehungsgeschichte des Königtums in Israel her zu verstehen vermag. Oder: Prophetische Texte werden zu Allerweltssprüchen oder plattem Unsinn, wenn man sie einfach wiederholt und von der historischen Stunde, in der sie gesprochen und gehört wurden, ablöst.

27 Vgl. auch *H. Stock,* aaO. S. 23.
28 Wiederum: Das sind keine »Stufen« oder methodischen Schritte, sondern hermeneutische Fragerichtungen, die in ihrer ganzen Tragweite in den Unterricht hineingehören, aber im konkreten Fall natürlich erst noch methodisch bedacht werden müssen.
29 *G. von Rad,* Theologie des Alten Testaments, Bd. I, Die Theologie der geschichtlichen Überlieferungen (1957), S. 121.

So ist für den Unterricht die Geschichte des Volkes Israel der wichtigste Kommentar des Alten Testaments. Eingebettet in die erzählte Geschichte Israels wollen die alttestamentlichen Geschichten in der Grundschule erzählt werden, und parallel mit dem Alter des beginnenden Geschichtsunterrichts (11 bis 12 Jahre) muß dieser Ansatz Schritt um Schritt explizit im Zusammenhang des jeweilig unterrichteten einzelnen alttestamentlichen Textes bewußt gemacht werden. Die pure Geschichtslosigkeit, zu der viele alttestamentliche Aussagen in Religionsbüchern wie im Unterricht oft verurteilt werden, ist ihr Tod. Die schillernde Vieldeutigkeit der Geschichte Israels hilft, die Sprache der alttestamentlichen Texte vernehmbar zu machen.

4. Als letztes Beispiel eines hermeneutischen Gesichtspunktes von unmittelbarer didaktischer Relevanz ist auf die *Beachtung der sprachlichen Form* zu verweisen. Dabei geht es nicht um Formgeschichte im Sinn der historisch-kritischen Forschung, sondern erst einmal um den elementaren Tatbestand, daß Texte an sprachliche Formen gebunden sind, in diesen Formen ihre Aussage wahren und darum nicht beliebig von diesen Formen ablösbar sind. Das ist ein simpler Sachverhalt – doch wird er ausreichend beachtet?

Im Deutschunterricht erscheint es unmöglich, nur auf den Inhalt zu achten und etwa die Frage nach Poesie oder Prosa, nach Sage oder Bericht, nach Legende oder Gleichnis oder Allegorie schlichtweg zu überspringen bzw. gar nicht erst als Frage zu bemerken. Im Religionsunterricht und in vielen vorliegenden Hilfsbüchern interessiert aber immer wieder primär der sog. Gehalt – als ob man den ohne Erarbeitung der Form je haben könnte, ja als ob es in der Sprache überhaupt so einfach um Gehalte ginge, die man wie Konserven weiterreichen könnte! Die penetrante Frage nach dem Gehalt mißachtet die Frage nach der Form, weil man in ihr fälschlich »nur Formales« sieht. So wird aber die Vielgestaltigkeit der Redeweisen nivelliert und damit *notwendig* die Aussage, die ja in der ihr *gemäßen* Form geborgen ist, verdunkelt. Der Text kann nicht zur Sprache werden, wenn wir nicht bereit sind, *seiner Sprachform in unserem Umgang* mit ihm zu entsprechen. Sprachform und Unterrichtsweise bedingen einander[30]: Psalmen sind gebundene Rede, die im Unterricht so erfahren werden muß[31]; Genesis 1 oder Matthäus 1,18ff. ist theologische Lehre, die nicht in schildernde Erzählung umsetzbar ist; die »Anschaulichkeit« der neutestamentlichen Wundergeschichten ist stilistisch eine andere als die idyl-

---

30 Es ist *I. Baldermanns* Verdienst (s. Anm. 15), diese Fragestellung präzise an konkreten Textbeispielen expliziert zu haben. Zu den sich daraus ergebenden weitreichenden methodischen Möglichkeiten vgl. aaO. S. 61ff.
31 Von hier aus gerät das Problem des Memorierens im Unterricht an einen ganz neuen Ort: Memorieren wird zu einer Weise der Spracherfahrung auf dem Weg über die Aneignung der Form anstelle des bisherigen Irrweges mechanischer Wörterkonservierung. Vgl. dazu bes. *K. Witt*, Konfirmandenunterricht. Neue Wege der Katechetik in Schule und Kirche (1961²), S. 75ff.

lisch- oder dramatisch-anschaulicher Erlebnisberichte; Gleichnisse werden in ihrer Aussagerichtung nur aus der Analyse ihres »Baugesetzes« verstanden usw. Der Lehrer muß durch seine eigene Redeweise die Weichen für den Umgang mit den Texten, die ihre Form fordert, im Unterstufenunterricht kommentarlos richtigstellen, und der älter werdende Schüler muß die Unterschiede der Formen sodann zunehmend und bewußt kennenlernen. Denn die Kenntnis der Form hilft die Aussage *unmittelbar* erfahren.
Zugleich ist solche Arbeit, die sich vorzüglich elementarisieren läßt, einerseits ein hervorragender Ansatzpunkt für die Eigenständigkeit des Schülers, für begrenzte Analysieraufgaben; andererseits bildet solche Beschäftigung indirekt und kommentarlos den notwendigen Damm gegen alle magischen Vorstellungen von mißverstandener Heiligkeit der Schrift. Außerdem sollte man hier auch falsche fromme Scheu überwinden und endlich wenigstens in den Oberstufenunterricht des Gymnasiums die jeweiligen literarischen Gattungsbezeichnungen einführen. Denn nur so kann ja ihre fromme Diskreditierung im populären Mißverständnis langsam abgebaut werden. Eine Sage ist auch dann eine Sage, eine Legende ist auch dann eine Legende, wenn sie in der Bibel stehen. Dies zu wissen schadet keinem Jugendlichen, wenn man ihn die Sage oder Legende *verstehen* lehrt. Es schadet aber, wenn man nie gelernt hat, was es mit Sage oder Legende als Sprachformen auf sich hat.[32]

Was zeigt sich an diesen Beispielen?[33]
Die vier genannten Gesichtspunkte sind *hermeneutisch* und *didaktisch zugleich*. Denn die hermeneutische Frage *ist* in der Tiefe eine didaktische Frage, und die didaktische Frage *ist* in der Tiefe eine hermeneutische Frage. So gewinnen wir im Verfolg dieser Gesichtspunkte Perspektiven, die für den Aufbau von *Lehrplänen,* für die Frage nach den *Altersstufen* und für das Problem der *Methode* bis hin in die einzelne Unterrichtsstunde orientierende und erhellende Bedeutung haben.

IV

Was geschieht in solchem Unterricht?
Wenn wir rückblickend die Situation zuerst formal umschreiben, so läßt sich feststellen: Religionsunterricht, der seine hermeneutische Aufgabe begreift, wird der Eigenart des Kindes und Jugendlichen gerecht, weil er deren Sprach-Weg mitgeht. *Und:* Er konstituiert sich von der zeitgenössischen Theologie her – ja, aus der gegenwärtigen theologischen Diskussion

---

32 Vgl. auch *H. Stock,* aaO. S. 25.
33 Alle vier beispielhaft genannten Gesichtspunkte lassen sich leicht auf die von *H. G. Gadamer* herausgearbeitete Struktur der Frage als Ausgangsort allen Verstehens beziehen, vgl. aaO. bes. S. 283 und S. 351f.

erfährt er seine entscheidenden *didaktischen* Anregungen, ohne deswegen die Unterrichtssituation zu verkennen.

Für Eigenart und Gestalt des Unterrichts ergeben sich im Unterschied zu verbreiteter Praxis insbesondere drei Merkmale:

1. Religionsunterricht als hermeneutische Aufgabe *führt über die kindliche Stufe der Naivität* hinaus. Nimmt man den ganzen Weg des Religionsunterrichts durch die Zeit der Schule ins Blickfeld, so muß er – wie jeder andere Unterricht – als ein Weg begriffen werden, der zum Erwachsenwerden führt. Auf diesem Weg gilt es zu helfen. Das ist aber nur möglich, wenn die hermeneutische Aufgabe nüchtern in ihrer Notwendigkeit gesehen wird. Das heißt: Es muß der gefährlichen Versuchung widerstanden werden, im Religionsunterricht eine entwicklungsmäßig überholte »gläubige Naivität« verlängern oder kultivieren zu wollen. Das Ausmaß, in dem solche Tendenzen noch immer herrschen, sollte man nicht unterschätzen. Sog. gebildete erwachsene Christen und Nichtchristen sind in ihren unqualifizierten Aussagen zu Glaubensfragen Beweis der Wirkungen solchen Unterrichts.

Die Gefahr ist deswegen so groß, weil solche Naivität, wenn sie gleichsam hinübergerettet werden soll, unecht sein muß und daher nicht tragfähig sein kann. Denn Naivität dessen, der nicht mehr Kind ist, kann nicht bewahrt, sondern nur *geistig erworben* werden.[34] Dazu zu verhelfen ist die hermeneutische Aufgabe des Unterrichts. Denn Unterricht ist *geistige* Erschließung im Blick auf Gegenwart *und* Zukunft des Schülers. Wer als Lehrer die aufgegebene Zukunft des Schülers nicht sieht, bereitet nicht auf sie vor und macht sich daher schuldig, weil er den Schüler *zwingt*, morgen nein zu sagen, wo er schon heute nur dem Lehrer zu Gefallen und also nur noch mit halbem Herzen ja sagt, weil er das Ja in einer Sprache sagen soll, die weder die seine noch die der ihn umgebenden Wirklichkeit ist.

2. Religionsunterricht als hermeneutische Aufgabe *bewegt sich auf einem angemessenen geistigen Niveau* und stellt an den Schüler aller Altersstufen Forderungen und Ansprüche wie in vergleichbaren anderen Fächern. Die verbreitete Unbeliebtheit des Religionsunterrichts, die oft zu beobachtenden Disziplinprobleme, die Geringschätzung des Faches durch die Schüler – dies alles hat seinen primären Grund in der Regel in der permanenten *Unterforderung* der Schüler. Schüler wissen: Wo man nicht geistig engagiert wird, da braucht man sich auch nicht zu engagieren. Wo man nicht gefordert wird, da kann die Sache auch nicht attraktiv (anziehend!) werden. Diesem Eindruck leistet die gegenwärtige Gestalt des Religionsunterrichts nicht selten Vorschub. Und Schüler, die Religionsunterricht ablehnen, der unter dem ihnen *möglichen Niveau* liegt, haben darin vollauf recht. Es spricht diese ihre Entscheidung dann nur für sie und gegen ihre Lehrer.

---

34 Vgl. *H. Stock*, aaO. S. 42.

In dem allen ist geistige Anforderung im Religionsunterricht nicht im Sinne einer Leistungsideologie gemeint, sondern als Bemühung, die die Sache selbst *fordert* und *lohnt*. Forderung heißt: Heraus-Forderung auf den Weg weiteren Verstehens.

3. Damit kommt das dritte Charakteristikum ins Blickfeld: Im Religionsunterricht als hermeneutischer Aufgabe – variiert in der Vielfalt der Altersstufen, zentriert in den Texten, die Sprache werden sollen – kann die in Zucht nehmende *Verbindlichkeit der Sprache* erfahren werden.[35] Da kann erfahren werden: Durch die Beschäftigung mit alten Texten hindurch geht es um gegenwärtige Anrede, die sich mir gegenüber einladend und fordernd zur Geltung bringt, weil sie mir etwas zu sagen hat.[36] Zu sagen: nicht für eine merkwürdige religiöse Sonderwelt, sondern für die Realität jeweiligen konkreten geschichtlichen Lebens.[37]
So »erweitert« verstandene Sprache das Leben.[38] Denn ungeteiltes Leben ist die »Fracht« der Sprache, die das »Schiff« der Sprache uns bringt. Daß das Schiff »übersetzt« und seine Fracht zu uns bringt, ist die Möglichkeit des Unterrichts[39], die wir wahrnehmen oder verspielen können.

Abschließend fragen wir noch einmal: Ist die Betrachtung des Religionsunterrichts als einer hermeneutischen Aufgabe der Sache angemessen und also mehr als der Zug zu einem modischen Thema?
Ja, denn gerade am Unterricht läßt sich das universelle Ausmaß der hermeneutischen Thematik erkennen[40], und zwar von einer Seite her, die in den einschlägigen Erörterungen so nicht zur Geltung kommen kann. Darüber hinaus sollte deutlich geworden sein, daß die hermeneutische

---

35 So erst gerät der Religionsunterricht auch in den entscheidend notwendigen »Dialog der Schule«, d.h. in Beziehung zu in anderen Fächern gelehrten Aussagen und Ansprüchen. Vgl. dazu *R. Leuenberger,* Die biblische Botschaft in der Bildungskrise der heutigen Schule, in der gleichnamigen Schrift, hg. von *Th. Ellwein* (o.J.), bes. S. 12 und S. 15.
36 Gegen die noch immer zu findende Vorstellung von der »Anwendung« als einer dem Verstehen folgenden Stufe gilt für den Unterricht (wie natürlich auch für die Predigt), daß es im rechten Verstehen immer nur um *einen* Vollzug und um *eine* Erfahrung geht, die unteilbar sind. Wir meinen, »daß Anwendung ein ebenso integrierender Bestandteil des hermeneutischen Vorgangs ist wie Verstehen und Auslegen« (*H. G. Gadamer,* aaO. S. 291, vgl. auch S. 323 und S. 375; dazu auch *H. Kimmerle,* aaO. S. 127).
37 Vgl. *G. Ebeling,* aaO. S. 339f.
38 Hier liegt der Aspekt des »Sichverstehens«, auf den das Verstehen der Sprache immer auch hinausläuft. Vgl. dazu *H. G. Gadamer,* aaO. S. 246ff. und *H. Kimmerle,* aaO. S. 126.
39 Vgl. *E. Fuchs,* Hermeneutik, S. 109.
40 Damit kommen wir zu derselben Einordnung unserer Fragestellung, wie sie *M. Stallmann* in seinem Aufsatz »Die biblische Geschichte im Unterricht«, in: ZThK 51 (1954), S. 216ff. vorgenommen hat. Vgl. S. 216: »Biblischer Unterricht und Entmythologisierungsdebatte werden daher nicht so gegenübergestellt . . ., um deren Ergebnisse oder Überlegungen für ihn fruchtbar zu machen. Sondern indem wir das durchdenken, was biblischer Unterricht sich vorgenommen hat, werden wir durch die auftauchenden Fragen zur Teilnahme an der theologischen Arbeit gedrängt, die mit dem Schlagwort ›Entmythologisierung‹ gekennzeichnet zu werden pflegt.«

Fragerichtung uns helfen kann, das in der unreflektierten Praxis wie in der verzweigten literarischen Diskussion oft gleichermaßen verworren scheinende Problemfeld des Religionsunterrichts aufzuhellen: vom sprachlichen Inhalt wie vom sprechenlernenden Schüler her.

2.2
Noch immer: Religionsunterricht als hermeneutische Aufgabe? Zweiter Teil

Der hundertste Geburtstag *Rudolf Bultmanns* legt es nahe, den sogenannten hermeneutischen Religionsunterricht – von wem stammt diese Bezeichnung eigentlich? –, genauer: den *historisch-kritisch/hermeneutischen Bibelunterricht*, der ja immer mehr und anderes als nur »Bibelunterricht« war, seine Entstehung, seine Hintergründe, seine Wirkungen, vielleicht auch seine bleibende Bedeutung noch einmal zu thematisieren.
Die Aufgabe hat ihre Schwierigkeiten, die nicht nur in der Sache liegen, sondern in diesem Fall auch in der Person. Die Sache selbst ist komplexer, als es das rasch gebrauchte Etikett vermuten lassen könnte. Und zur Person: Kann ich mich angemessen zu etwas äußern, wovon meine Arbeiten, ja ein gewichtiger Ausschnitt meines Lebens, selbst ein Teil sind? Ist die unvermeidlich subjektive Perspektive nicht problematisch? Das Dilemma wird sich nur so lösen lassen, daß ich von vornherein erkläre: Die folgenden Darlegungen *sind* subjektiv, und ich versuche auch gar nicht, dies zu bemänteln. Andere Beteiligte und erst recht distanzierte Beobachter, besonders jüngere, *müssen* manche Akzente anders setzen, als ich es tun werde. Das ist gut so. Vielleicht kann auch allein durch subjektive Darstellungen, neben den notwendigerweise distanzierteren Analysen der nicht derart unmittelbar Beteiligten, ein Stück weit aufgehellt werden, wie weitgehend Theologiegeschichte eben nicht die Geschichte abstrakter Theologumena ist, sondern als Denkprozeß immer unlösbar mit der Lebensgeschichte von Autoren, die wiederum in ihre Zeit und Welt eingebunden sind, verquickt ist. Was ich hier bieten kann, ist also ein Stück biographisch gefärbter Geschichte religionspädagogischer Theoriebildung der letzten drei Jahrzehnte, verbunden mit Seitenblicken auf Menschen, die daran beteiligt waren und denen ich in diesen Jahrzehnten persönlich begegnet bin – verbunden aber auch mit einem wenigstens thesenhaften Ausblick auf die Fassung der hermeneutischen Frage im Religionsunterricht, wie sie mir für die Gegenwart und für die nächste Zukunft vorschwebt.[1]

---

1 Ich danke *Hans Stock* für die kritische Lektüre der ersten Fassung dieses Kapitels. Seine Bemerkungen in einem ausführlichen Brief vom 3. 1. 1985 sind zum erheblichen Teil in die Schlußfassung eingegangen.

I
Impressionen aus den mittfünfziger Jahren

Zweimal jährlich traf sich in den Nachkriegsjahren in Loccum die »Pädagogische Studienkommission«, d.h. die Dozenten für Evangelische Theologie und Religionspädagogik an den Niedersächsischen Pädagogischen Hochschulen und die Schulreferenten der Landeskirchen von Hannover und Oldenburg. Veranstalter des Treffens war das damalige Katechetische Amt der Hannoverschen Kirche, das heutige Religionspädagogische Institut. Moderator war *Karl Witt,* ehedem Professor für Erziehungswissenschaft, ein Gastgeber mit der Souveränität eines schleswigholsteinischen Großbauern, als theologisch gebildeter Nichttheologe ein Gesprächsleiter mit dem Spürsinn dessen, der merkt, wann die theologische Fachdiskussion einen Abstraktionsgrad erreicht, der garantiert, daß die Einsichten nutzlos bleiben.

Teilnehmer dieser Zusammenkünfte waren u.a. *Martin Stallmann, Hans Stock* und *Helmuth Kittel; Liselotte Corbach, Götz Harbsmeier* und *Helene Ramsauer;* später auch (nach seiner Berufung nach Lüneburg) *Klaus Wegenast* und gegen Ende der Zeit, die ich miterlebt habe (das waren die Jahre 1955-1958), *Ingo Baldermann.* Vom Katechetischen Amt in Loccum nahmen neben dessen Leiter *Karl Witt, Heinz Kittel* und ich teil; als Schulreferenten *Friedrich Bartels* aus Hannover und *Hans Schmidt* aus Oldenburg.

Martin Stallmann, seine schwere Gestalt in dichte Rauchwolken aus seiner Pfeife hüllend, *Hans Stock* mit vornehmerem Zigarillo – und *Helene Ramsauer* mit einem Luftverbesserer ausgerüstet, den sie so demonstrativ wie humorvoll vor sich auf den Tisch stellte (eine kleine bauchige Flasche, erinnere ich, aus der man eine grünliche Lasche herauszog, die sogleich einen abscheulichen Geruch verbreitete), *Helmuth Kittel* im jugendbewegten Hemd mit Schillerkragen, immer sehr leise sprechend, *Frau Corbach,* sensibel auf alles reagierend und oft gar nicht zufrieden – das sind für mich die Atmosphäre bestimmende Bilder aus jener Zeit, in der, immer wieder an *Erich Weniger* anknüpfend, diskutiert wurde, was zuerst in *Stocks* und *Stallmanns* späteren Büchern, besonders zwischen 1958 und 1963, öffentlich wurde.

Diese Diskussionen sind mir unvergeßlich. Es gab Phasen von seltener Eindringlichkeit. Die wesensmäßige Verschiedenartigkeit und die theologische Unterschiedlichkeit der Teilnehmer machte die Sache oft gewiß nicht einfacher, aber im Rückblick scheint es mir so, als ob derartige Spannweiten, im Menschlichen wie im Sachlichen, dem Klärungsprozeß letztlich förderlich waren. Es mag sein, daß manche spätere Kontroverse an Schärfe verloren hätte oder auch manche Schärfe gar nicht erst entstanden wäre, wenn in diesem Rahmen *vor* der Veröffentlichung von *Stallmanns* und *Stocks* Arbeiten auch mit *Helmuth Kittel* eingehender hätte diskutiert werden können. Die Voraussetzungen dafür waren wohl

gegeben, aber der Wunsch, diese Diskussion zu führen, war nicht bei allen Beteiligten gleich stark.
Das ist die Hintergrundsituation, aus der heraus entstanden ist, was später »hermeneutischer Religionsunterricht« genannt worden ist. Alle evangelischen Autoren, die sich dann mit einigem Gewicht zu diesem Thema geäußert haben, gehörten ursprünglich zum damaligen Loccumer Kreis.

II
Ausgangspunkte

Rudolf Bultmann hat sich zweimal explizit zu religionspädagogischen Fragen geäußert, zuerst 1948 in einem Gutachten, mit dem er in den Streit um ein neues Verständnis des Religionsunterrichts eingriff, und sodann 1959 in einem Beitrag zur Heidegger-Festschrift unter dem Titel »Erziehung und christlicher Glaube«. Die Grundgedanken beider Texte laufen aufeinander zu.[2]
Das Gutachten von 1948, vom damaligen Oldenburger Oberkirchenrat *Edo Osterloh* erbeten, ist eine Stellungnahme zum »Programm« der Evangelischen Unterweisung (1947 war *Helmuth Kittels* Schrift erschienen). *Bultmanns* Position ist von erfrischender Eindeutigkeit, und darin hat sie ihre Bedeutung über die damaligen Verhältnisse hinaus bis heute. Seine Kernsätze lauten: »Die Schule wird sich das Recht nicht nehmen lassen dürfen, den R.U. (= Religionsunterricht, G.O.) aus eigener Kraft zu erteilen... Sie hat in ihrem R.U. nichts weiter zu tun, als das Wesen der christlichen Religion, den Sinn des christlichen Glaubens, deutlich zu machen..., Propaganda für den christlichen Glauben wird sie nicht machen und wird es abweisen, ›chr. U.‹ (= christliche Unterweisung, im Sinne des Kittelschen Programms von Evangelischer Unterweisung, G.O.) in diesem Sinne zu sein.«[3] Und wenig später: »... Ich kann mir nicht denken, daß durch eine ›chr. U.‹ die ›Wirklichkeit Gottes‹ erschlossen werden könnte. Welch hybrides Unterfangen überhaupt, die ›Wirklichkeit Gottes‹ in einer ›chr. U.‹ in Gang bringen zu wollen...«[4]
Hans Stock, dem die neuerliche Veröffentlichung dieses Gutachtens zu danken ist, interpretiert völlig zutreffend: »Die Schule wird hier, gegenüber einem christlichen oder kirchlichen Gesamtanspruch, auf sich selbst gestellt – das ist bemerkenswert.«[5]

---

2   Das seinerzeit unveröffentlichte Gutachten ist jetzt zugänglich, vgl. *H. Stock*, Ein religionspädagogischer Nachtrag zum Bultmann-Gedenkjahr. Erinnerung an einen vergessenen Text, in: JRP 1 (1985), S. 165–174.
Der Beitrag zur *Heidegger*-Festschrift ist auch veröffentlicht in: *R. Bultmann*, Glauben und Verstehen, Bd. IV (1968⁵), S. 52–56.
3   Bei *H. Stock,* aaO. S. 169.
4   Bei *H. Stock,* aaO. S. 170.
5   *H. Stock,* aaO. S. 173.

Damit verbindet sich nahtlos, was *Bultmann* in seinem Heidegger gewidmeten Gelegenheitsartikel »Erziehung und christlicher Glaube« rund zehn Jahre später ausführt.
Angeregt durch Diskussionen in Amerika und die amerikanische Vorliebe für den Begriff christian education entwickelt *Bultmann* seine im Rahmen seiner Theologie nicht überraschende These in aller Kürze: »Das eine ist dieses: der Mensch muß dahin gelangen, daß er sich auf sich selbst besinnt, daß er sich fragt, was menschliches, was sein Sein ist. Er muß lernen, seine eigenen Fragen zu verstehen, gewahr zu werden, wonach er eigentlich verlangt, was Wahrheit, was Wirklichkeit, was echte Existenz bedeutet. Und sodann: es muß ihm gezeigt werden, was der Sinn des christlichen Glaubens ist, was gemeint ist, wenn der christliche Glaube redet von Gott, von Sünde, von Gnade, wie der christliche Glaube die Situation des Menschen in der Welt versteht. Es bedarf dazu nicht der ›Erziehung‹, wohl aber des ›Unterrichts in der christlichen Religion‹.«[6] Diesen Unterricht als »Unterweisung« zu bezeichnen scheint *Bultmann* »recht unglücklich zu sein«, weil die Umbenennung geeignet sei, »den christlichen Unterricht in den Augen des ›Unterwiesenen‹ zu degradieren, als ob es sich im Glauben, trotz allen Unterschiedes, nicht auch um ein Wissen handle«.[7]
In beiden Texten geht es *Bultmann* um einen Religionsunterricht, der nicht mit kirchlicher Verkündigung gleichzusetzen ist, sondern seine Aufgabe darin hat – so könnte man zusammenfassen –, Schülern im Rahmen der Schule das notwendige Wissen über das Verständnis der christlichen Religion und den »Sinn« christlichen Glaubens zu vermitteln.
Das Gutachten aus dem Jahre 1948 ist seinerzeit nicht veröffentlicht worden; es war jedoch einigen Mitgliedern der damaligen Loccumer Studienkommission in Abschriften bekannt, keineswegs aber allen. Daß es nur in Abschriften in kleinem Kreis kursierte, erklärt auch, daß es kaum in der Literatur wirksam geworden ist. Das gilt für *Bultmanns* Beitrag zur Heidegger-Festschrift ebenso, obwohl er veröffentlicht war.[8]
Obwohl also beide Texte so etwas wie ein hermeneutisch-didaktisches Programm in nuce enthalten, kann man wohl doch sagen, daß *Bultmanns* Einfluß auf die Religionspädagogik *nicht in erster Linie* bei der Anknüpfung an seine knappen spezifisch religionspädagogischen oder religionsdidaktischen Aussagen festzumachen ist. Die Anknüpfung hieran war

---

6   R. Bultmann, aaO. S. 54.
7   R. Bultmann, aaO. S. 55, Anm. 1.
8   Das Gutachten *Bultmanns* hat verarbeitet: *R. Lennert*, Immer noch: Der evangelische Religionsunterricht in der Schule, in: Die Sammlung 6 (1951), S. 249ff. Darauf wird in der späteren Diskussion gelegentlich Bezug genommen. Es ist erstmals im vollen Wortlaut veröffentlicht, aber leider nicht beachtet worden, bei *G. Eberhard*, Existentiale Theologie und Pädagogik. Das Beispiel Rudolf Bultmanns (1974), dort im Anhang (Hinweis von *H. Stock*, aaO. S. 166). – Auf *Bultmanns* Beitrag zur *Heidegger*-Festschrift nimmt Bezug *M. Stallmann*, Die biblische Geschichte im Unterricht (1963), S. 239, Anm. 63.

eher die Ausnahme. Allgemein ist der Weg seines Einflusses so zu beschreiben: Religionspädagogen, die von *Bultmann exegetisch* und zugleich *hermeneutisch* gelernt hatten[9], *transponierten* diese Einsichten in *didaktische* Zusammenhänge. Auf diesem Weg kommt es zu dem, was dann »hermeneutischer Religionsunterricht« genannt wird. Der hermeneutische Religionsunterricht entsteht also sozusagen im Wege eines Transpositionsvorgangs, er ist das Ergebnis der Übertragung von Methoden und Fragestellungen in ein anderes Genus, nämlich von der wissenschaftlichen Arbeit des Forschers auf den Unterricht der Schule.
In dieses Bild ist aber sofort noch ein zweiter Zug einzuzeichnen. Die Transposition historisch-kritischer und hermeneutischer Einsichten in didaktische Zusammenhänge fand ja nicht um ihrer selbst willen statt. Es waren vielmehr zwei Faktoren, die dazu drängten, die Fundierung des Religionsunterrichts im Zusammenhang der zeitgenössischen theologischen Diskussion voranzutreiben. Einerseits empfanden viele, daß die Theorie und Praxis der Evangelischen Unterweisung, die das Bild seit 1946 bestimmte, je länger desto mehr ungelöste und auch unlösbare Fragen produzierte. Dies betraf nicht nur die Situation des Lehrers und der Schule, es betraf auch die Frage nach der theologischen Verantwortbarkeit dessen, was in der Praxis des Unterrichts ebenso wie in vielen Handreichungen für Lehrer publik wurde. Andererseits – und das ist nicht minder gewichtig! – war die Anfrage von erziehungswissenschaftlicher Seite immer unüberhörbarer. Uns alle damals inspirierender Wortführer in diesem Dialog zwischen Erziehungswissenschaft und Theologie war der Göttinger *Erich Weniger* (nb.: auch *Hans Stock* kommt aus Göttingen, und *Martin Stallmann* übernimmt um diese Zeit einen Lehrauftrag in Göttingen!). Sein schon 1948 auf einer Hermannsburger Tagung – das war die zeitliche Vorstufe der späteren Loccumer Studienkommission, und abgesehen von den Jüngeren waren alle oben Genannten dabei – gehaltener Vortrag über »Glaube, Unglaube und Erziehung«[10], dazu andere einschlägige Äußerungen von ihm, aber im Hintergrund generell auch seine »Theorie der Bildungsinhalte«[11] bildeten so etwas wie den Fragerahmen seitens der Erziehungswissenschaft, in den einzutreten sich die genötigt fühlten, die zusätzlich ihre eigenen theologischen Bedenken gegenüber der Evangelischen Unterweisung nicht länger unterdrücken konnten.
So greifen neuere theologische Einsichten und Anfragen der (geisteswissenschaftlichen) Pädagogik ineinander. Dies sind die Markierungen des Wegs, der zur Ausarbeitung dessen führt, was hermeneutischer Religionsunterricht genannt wird. Will man, alle anderen beiseite schiebend,

---

9 Vgl. *R. Bultmann*, Das Problem der Hermeneutik, zuerst 1950, dann in: Glauben und Verstehen II (1952), S. 211–235.
10 Wieder abgedruckt in: *E. Weniger*, Die Eigenständigkeit der Erziehung in Theorie und Praxis (o.J./1953), S. 99–122.
11 *E. Weniger*, Die Theorie der Bildungsinhalte und des Lehrplans (1956²).

in voller Ungerechtigkeit Namen als Inspiratoren nennen, so ist es nicht nur der Name *Rudolf Bultmanns,* sondern ebenso der Name *Erich Wenigers.* Beide zusammen sind so etwas wie die »Väter«.

III
Entfaltungen und Konkretisierungen

Will man sich den literarischen Weg der Ausarbeitung der hermeneutischen Frage für den Religionsunterricht klarmachen, so mag folgende Übersicht helfen[12], beschränkt auf die wichtigsten Buchtitel und ihre Erscheinungsjahre:

Jahr	Autor	Buchtitel	Bemerkungen
1958	*Martin Stallmann*	Christentum und Schule Die biblische Geschichte im Unterricht	1963 erschienen, aber die entscheidenden Aufsätze gehören in die fünfziger Jahre
1959	*Hans Stock*	Studien zur Auslegung der synoptischen Evangelien im Unterricht	
1961	*Gert Otto*	Schule - Religionsunterricht - Kirche Handbuch des Religionsunterrichts	1964 erschienen, auf dem Buch von 1961 aufbauend
1963	*Ingo Baldermann*	Biblische Didaktik	
1965	*Klaus Wegenast*	Jesus und die Evangelien	
1966	*Wolfgang Langer*	Kerygma und Katechese	katholisch
1968	*Hubertus Halbfas*	Fundamentalkatechetik	katholisch

12 Neuere repräsentative Publikationen lassen den Leser, der näheren Aufschluß über die Entstehungsgeschichte und über die Wirkungsgeschichte des hermeneutischen Religionsunterrichts sucht, leider auf fatale Weise im Stich:
1. *K. Wegenast* (Hg.), Religionspädagogik, Bd. I: Der evangelische Weg (1981). Der Herausgeber hat aus naheliegenden Gründen keinen ausreichenden Raum für eine angemessene Dokumentation (weil er den Platz in hohem Maße zum Nachdruck eigener Aufsätze braucht).
2. *K. Wegenast,* Religionspädagogik zwischen 1970 und 1980, in: ThLZ 106 (1981), Sp. 147-164. Hier gibt der Autor vor, den Forschungsstand darzustellen. Aber wer hätte kein Verständnis dafür, daß er alles, was ihm nicht gefällt, schlicht unter den Tisch fallen läßt, also gar nicht erst erwähnt?
3. *K. Wegenast* stellt im Handbuch der Religionspädagogik (hg. von *E. Feifel,* Bd. I [1973], S. 268ff.) den hermeneutischen Religionsunterricht dar. Was soll man dazu sagen, daß im Text des ganzen Abschnitts der Name *Hans Stock nicht* vorkommt, in den Literaturhinweisen am Schluß ebenfalls nicht und in den Anmerkungen der Name lediglich *einmal,* ohne jede Literaturangabe, auftaucht? (Wie oft der Name *Wegenast* vorkommt, darf jeder überprüfen!)

Der religionspädagogische Diskussionsprozeß dieses Jahrzehnts zwischen 1958 und 1968 ist in seiner Vielstimmigkeit, ja in seiner teilweisen Heterogenität, trotz vieler verwandter Interessen der Beteiligten, bis heute nicht zureichend aufgearbeitet worden. Dies kann auch hier nicht geschehen. Aber einige Hinweise, warum dies nötig ist und in welcher Richtung die Fragestellungen (neben anderen, hier nicht erwähnten) liegen müßten, lassen sich geben:

– Das Verhältnis der einzelnen Autoren zu *Rudolf Bultmann* und seinem Hermeneutikverständnis ist unterschiedlich. Das wäre auseinanderzulegen, um fragen zu können, welche Folgen daraus für das Verständnis der Aufgabe des Religionsunterrichts erwachsen (oder vorsichtiger: um zu fragen, ob daraus Folgen für das Verständnis des Religionsunterrichts erwachsen sind).
– Dasselbe gilt für die systematisch-theologischen Vorentscheidungen, die bei allen Autoren eine Rolle spielen, teils implizit, teils explizit. Beide genannten Gesichtspunkte dürften schon für das Verhältnis der Arbeiten von *Stallmann* und *Stock* zueinander gelten, erst recht aber für das Verhältnis der Späteren zu *Stallmanns* und *Stocks* Arbeiten. Entscheidend ist dabei sicher auch die Rolle der Theologie *Friedrich Gogartens*, besonders in *Stallmanns* Ausführungen.
– Würde man solche (und vergleichbare) Fragestellungen in der Analyse der einzelnen Schriften anlegen, so wäre damit vermutlich auch der Weg gebahnt, das Verhältnis der einzelnen Autoren zu den folgenden Stationen der religionspädagogischen Theoriebildung besser zu durchschauen (problemorientierter Religionsunterricht, therapeutischer Religionsunterricht, religionskritischer Religionsunterricht). Wie die einzelnen auf diese späteren Perspektiven eingegangen sind, wie sie sie in ihre Überlegungen einbeziehen konnten oder warum sie sie ablehnen mußten, dürfte vorprogrammiert gewesen sein. Daß *Hans Stock* 1968 seine Thesen über den Religionsunterricht in der »Kritischen Schule« entwickelt[13] und nicht *Martin Stallmann* oder *Ingo Baldermann*, ist kein Zufall, wie es denn auch kein Zufall ist, daß mein Weg und nicht *Klaus Wegenasts* Weg zum religionskritischen Religionsunterricht geführt hat (gemeinsam mit *Hans Joachim Dörger* und *Jürgen Lott*).[14]
– Allein aus einer differenzierten Analyse der frühen Schriften wird sich auch die Frage beantworten lassen, inwieweit die späteren Schriften derselben Autoren Brüche gegenüber den Anfängen markieren oder Modifikationen im Prozeß des Weiterdenkens und Hinzulernens sind. Ich habe

---

13 H. *Stock*, Religionsunterricht in der »Kritischen Schule« (1968), wieder abgedruckt in: H. *Stock*, Beiträge zur Religionspädagogik (1969), S. 178–210.
14 G. *Otto* / H. J. *Dörger* / J. *Lott*, Neues Handbuch des Religionsunterrichts (1972). – H. J. *Dörger* / J. *Lott* / G. *Otto* gemeinsam mit U. *Baltz*, Religionsunterricht 5–10 (1981).

dies für meine Arbeiten gelegentlich einmal zu beantworten versucht[15] und will es nicht wiederholen, zumal hier tatsächlich die Interpretation des Distanzierteren mehr Gewicht hat als die Selbstinterpretation des Betroffenen.
Ich möchte mit diesen Hinweisen, die der detaillierten Bearbeitung bedürften, lediglich erreichen, daß sich diejenigen, die pauschal vom »hermeneutischen Religionsunterricht« reden, darüber Rechenschaft ablegen, daß sie von einer Tendenz sprechen, die in sich weniger einheitlich ist, als der gemeinsame Name glauben macht.

Ein Gesichtspunkt scheint mir in diesem Zusammenhang aber noch von besonderer Bedeutung zu sein, weil hier eine Sachkorrektur dringend geboten ist, wenn das Bild nicht verzeichnet werden soll.
Es ist richtig: Die »hermeneutische Wende« in der Religionspädagogik hat an der Mittelpunktstellung der Bibel im Unterricht nichts geändert. Das ist oft festgestellt worden. *Martin Stallmanns* Aufsatzband heißt nicht zufällig »Die biblische Geschichte im Unterricht«, *Hans Stocks*' »Studien« beziehen sich auf die synoptischen Evangelien, und wenn man meine Arbeiten aus dieser Zeit einbezieht, so ändert sich das Bild auch nicht. Insofern waren wir trotz unserer Auseinandersetzung mit der Evangelischen Unterweisung, trotz der neuen Akzente, die in die Diskussion hereinkamen, auch trotz der Ablehnung, die wir von Anhängern der Evangelischen Unterweisung erfahren haben, *Helmuth Kittels* Position an *diesem* Punkt stärker verhaftet, als es uns vielleicht damals bewußt war.
Das gilt freilich *nur* für die noch unangefochtene Mittelpunktstellung der Bibel im Unterricht. Aber hier, also bei der isolierten Frage nach der Stellung der Bibel im Unterricht, lag die Kontroverse mit *Kittel* und den Vertretern der Evangelischen Unterweisung ja auch gar nicht in erster Linie!
Um so tiefer aber ging der *theologische* Streit, der Streit um die *hermeneutische* Frage, und in diesem Streit steckten zugleich handfeste *didaktische* Konsequenzen! Man kann sich dies leicht vorstellen, wenn man die einschlägigen Ausführungen bei *Kittel* in »Vom Religionsunterricht zur Evangelischen Unterweisung«[16] neben *Stocks* und *Stallmanns* Arbeiten liest – und daß da keiner dem anderen etwas geschenkt hat, weil alle Beteiligten in ihrer »theologischen Existenz« getroffen waren, kann man etwa aus *Kittels* Besprechung von *Stallmanns* »Christentum und Schule«[17] und *Stallmanns* Replik in seinem Aufsatz »Zur hermeneutischen und didaktischen Problematik des biblischen Unterrichts« entnehmen![18] Die

---

15 G. Otto, Einige höchst subjektive (fast autobiographische) Randbemerkungen zu R. Lachmanns Erforschung meines religionspädagogischen Lebenswandels, in: Der Ev. Erzieher 33 (1981), S. 94–96.
16 H. Kittel, Vom Religionsunterricht zur Evangelischen Unterweisung (1947; 1957³), S. 10–12.116–118.
17 H. Kittel, Religion und Evangelium in der Schule, in: H. Heeger (Hg.), Glauben und Erziehen. Festgabe für Gerhard Bohne (1960), S. 161–185.
18 M. Stallmann, Die biblische Geschichte im Unterricht (1963), S. 254, Anm. 83.

Auseinandersetzung war so engagiert, und die Kluft war ja gerade deswegen so tief, weil man sich um die sachgemäße Behandlung *derselben* Inhalte stritt! Dazu muß man die zeitgenössischen Rezensionen der Bücher von damals lesen.[19] Dann kann man nicht mehr wie *Gerd Bockwold* 1977 sagen, daß der hermeneutische Religionsunterricht sich als Korrektur der Evangelischen Unterweisung verstanden habe, sei ein »Phänomen, das uns heute nahezu unverständlich ist, überwogen doch bei weitem die Gemeinsamkeiten«.[20] Wer so formuliert, hat nicht verstanden, worum der Streit im tiefsten ging: um ein anderes Schriftverständnis und, daraus folgend, um andere Weisen des Umgangs mit der Schrift. Und an *diesem* Punkt gilt: Für diese Neuorientierung ist im Kern bei allen beteiligten Autoren *Rudolf Bultmann* eine Schlüsselfigur gewesen, auch wenn die Rezeption der *Bultmannschen* Theologie individuell verschieden vor sich gegangen sein mag.

IV
Hermeneutische Aufgaben im Religionsunterricht – meine These

Die Ausarbeitung der hermeneutischen Frage unter didaktischen Gesichtspunkten begann Ende der fünfziger, Anfang der sechziger Jahre. Seitdem sind über fünfundzwanzig Jahre vergangen. In diesem Zeitraum ist zugleich die Relativierung des prinzipiell biblischen Unterrichts erfolgt. Diese Relativierung, in verschiedenen Varianten ausgearbeitet, die hier nicht nachzuzeichnen sind, hat ihren Grund im Zusammenspiel von theologischen, didaktischen und geistesgeschichtlich-gesellschaftlichen Wandlungsprozessen (deren Ausdruck zum Beispiel die Studentenbewegung Ende der sechziger Jahre war).
Ob die hermeneutische Frage heute noch eine Bedeutung für den Religionsunterricht habe, erfragen wir also unter völlig anderen Voraussetzungen, als sie seinerzeit gegeben waren. Wir fragen auch nicht mehr im Gegenüber zu Theorie und Praxis der Evangelischen Unterweisung.
Auf diesem Hintergrund lautet meine These:
– Die bleibende Bedeutung der damals angestellten Überlegungen zum hermeneutischen Bibelunterricht liegt in der *Entdeckung des Zusammenhangs von Hermeneutik und Didaktik*. Nicht daß die hermeneutische Frage auf biblische Texte bezogen worden ist, sondern daß Unterricht hermeneutisch verstanden worden ist, ist entscheidend.
– Daraus folgt: Die hermeneutische Frage, bezogen auf den Religionsunterricht, muß heute nicht allein oder gar monopolartig auf biblische Unterrichtsinhalte bezogen werden, sondern sie gilt den komplexen Inhalten

---

19 Besonders in der nicht mehr existierenden Zeitschrift Evangelische Unterweisung, hg. von *H. G. Bloth.*
20 *G. Bockwoldt,* Religionspädagogik (1977), S. 80.

des Faches »Religion« und auch des Ersatz- oder Alternativfaches »Ethik« *insgesamt*.[21]
– Der Fortgang der philosophisch-theologischen Diskussion nötigt dazu, die hermeneutische Frage auch unter didaktischem Aspekt über *Bultmanns* Hermeneutikverständnis hinaus weiterzuentwickeln.

Zur Erläuterung dieser These:
1. Die Durchbrechung des in der damaligen Diskussion nur an biblischer Überlieferung orientierten Fragehorizonts läßt sich am besten konkretisieren, wenn man Perspektiven und Handlungsfelder auflistet, auf die sich heute die hermeneutische Reflexion beziehen muß. Dazu braucht man sich bezeichnenderweise nicht auf eine bestimmte didaktische Konzeption des Religionsunterrichts festzulegen, sondern viel aufschlußreicher ist es, sich aufgrund der Durchsicht diverser heute gültiger Lehrpläne und Richtlinien für verschiedene Schulstufen zu fragen, wo überall die hermeneutische Perspektive auftaucht bzw. wo überall der Unterricht dem Schüler Entscheidendes schuldig bleibt, wenn er die hermeneutische Perspektive vernachlässigt. Fragt man so, dann kann man stichwortartig und unvollständig nennen:
– Anleitung zum Verstehen und Durchschauen diverser Traditionen, die die Gegenwart bestimmen, natürlich im gebotenen Umfang auch biblischer Traditionen;
– Anleitung zum Verstehen und Durchschauen nichtchristlicher Religionen, deren Angehörige unter uns leben bzw. in der einen Welt leben, zu der wir alle gehören;
– Anleitung zum Verstehen und Durchschauen von Weltanschauungen und Ideologien, die das Denken und Handeln von Menschen in Geschichte und Gegenwart bestimmen;
– Anleitung zum Verstehen und Durchschauen handlungsleitender Motive, Interessen und Normen in unterschiedlichen Situationen;
– Anleitung zum Verstehen und Durchschauen von Sprache der Hoffnung oder der Trauer, Sprache des Trostes oder der Sinngebung in unterschiedlichen Kontexten;
– Anleitung zum Verstehen und Durchschauen von Rechts- und Unrechtsverhältnissen und ihren Begründungen.
Zugegeben, das ist sehr abstrakt formuliert, auch ohne jeden Anspruch auf Vollständigkeit. Die Abstraktion hat hier ihren Sinn. Denn sie soll verdeutlichen, daß es kaum Inhalte des Religionsunterrichts geben wird, die nicht unter solchen oder ähnlichen Stichworten subsumiert werden könnten. Dabei muß im übrigen ganz deutlich sein: Die hier angesprochene Perspektive der Hermeneutik ist *eine* Perspektive des Religionsunterrichts neben anderen notwendigen. Nicht der ganze Unterricht ist mit

---

21 Zum Ethikunterricht vgl. *H. Schmidt,* Didaktik des Ethikunterrichts I (1983), außerdem weiter unten Kap. 3.3.

Hermeneutik gleichzusetzen. Aber hier ist *von Hermeneutik als einer bleibend notwendigen Arbeitsebene* die Rede – neben der oder in Verbindung mit der es andere gibt, die hier nicht zu erörtern sind: zum Beispiel stärker auf Affektivität oder stärker auf Handeln bezogene.

So viel muß jedoch deutlich sein: Ein Religionsunterricht, der die hermeneutische Perspektive – in diesem umfassenden Sinn – ausspart, verfehlt seine Aufgabe, weil er nicht zum Verstehen anleitet, auch nicht zum Verstehen der Gegenwart des Schülers, so aktuell oder aktualistisch er sich auch immer gebärden mag.

2. Legt man die hermeneutische Perspektive an die obengenannten (und vergleichbaren) Problem-, Material- und Handlungsbereiche an, ist im Grunde schon durch deren Vieldimensionalität vorprogrammiert, was uns heute von der damaligen Diskussion über hermeneutischen Unterricht unterscheidet: das Hermeneutikverständnis. Oder anders: Das damals von *Rudolf Bultmann* übernommene Hermeneutikverständnis ist heute korrekturbedürftig.

Spricht man heute von Hermeneutik – nicht nur, aber gerade auch im Blick auf den Religionsunterricht –, so sind neben anderen folgende Aspekte (hier im Sinne von Problemanzeigen) neu zu durchdenken:

– *Bultmanns* Mythosverständnis, wie es etwa seinen bahnbrechenden Aufsatz über die Entmythologisierung des Neuen Testaments kennzeichnet, ist durch ein sehr viel differenzierteres, vielschichtigeres Verständnis von mythischer Rede, auch von symbolischer Sprache, überholt worden. Wenn man weiß, daß der Mensch zur Artikulation seiner selbst und seines Lebens auf die Sprache der Bilder *angewiesen* ist, also auf die Sprache des Mythos, der Symbole, der Poesie, dann kann man nicht mehr so undifferenziert wie *Bultmann* einst formulieren: »Man kann nicht elektrisches Licht und Radioapparat benutzen, in Krankheitsfällen moderne medizinische und klinische Mittel in Anspruch nehmen und gleichzeitig an die Geister- und Wunderwelt des Neuen Testaments glauben.«[22] Wer solche Richtungsangaben *Bultmanns* heute für zu kurz geschlossen hält, muß keinesfalls hinter *Bultmann* wieder zurückgehen wollen. Es geht vielmehr darum, über *Bultmann* hinauszukommen: nämlich mit Bildern *als Bildern* umgehen zu lernen und nicht nur mit ihren »Bedeutsamkeiten«. Wenn *Peter Biehl* von »poetischer Didaktik« spricht[23], wenn *Ursula Baltz* nach der Bedeutung poetischer Sprache für die Theologie fragt[24], dann wird in der neueren Diskussion ein derartiges Interesse bereits deutlich erkennbar.

– Die enge Bindung von *Bultmanns* Hermeneutikverständnis an die

---

22 R. Bultmann, Neues Testament und Mythologie, in: *H.-W. Bartsch* (Hg.), Kerygma und Mythos (1948), S. 18.

23 *P. Biehl*, Religiöse Sprache und Alltagserfahrung. Zur Aufgabe einer poetischen Didaktik, in: THP 18 (1983), S. 101–109 und seine anderen einschlägigen Arbeiten.

24 *U. Baltz,* Theologie und Poesie (1983).

Heideggersche Existentialphilosophie führte zu einer extrem Individualisierung des Verstehensprozesses. Das Individuum transzendierende, gesellschaftliche Perspektiven konnten so nicht erschlossen werden und sind so nicht erschlossen worden. *Dorothee Sölle* hat in ihrer Auseinandersetzung mit *Bultmann*[25] gezeigt, daß sein Denken und die Rezeption von Denktraditionen, mit denen es zusammenhängt, sich »selber als wesentlich apolitisch versteht«.[26] Aber bezeichnenderweise folgt daraus nicht die simple Abwendung von *Bultmann,* sondern der differenzierte Nachweis, daß »der Schritt von der existentialen zur politischen Theologie in der Konsequenz des *Bultmannschen* Ansatzes selber«[27] liegt. Also auch hier: nicht hinter *Bultmann* zurück, sondern es geht von seinen Anstößen aus um notwendige nächste Schritte. Auf diesem Weg kommt *Dorothee Sölle* zu einer »politischen Interpretation des Evangeliums«[28], ein gewiß weniger mißverständlicher Begriff als politische Theologie, und in dieser politischen Interpretation geht es um »theologische Hermeneutik, die in Abgrenzung von einer ontologischen oder einer existential interpretierenden Theologie einen Interpretationshorizont offenhält, in dem Politik als der umfassende und entscheidende Raum, in dem die christliche Wahrheit zur Praxis werden soll, verstanden wird«.[29]

– Damit hängt eine weitere Korrekturebene eng zusammen. Zum Teil geht es um Überschneidungen. Die *Diltheysche* Tradition der Hermeneutik, auf der *Bultmann* fußt, ist im doppelten Sinne geistesgeschichtlich orientiert: Einerseits werden die zu interpretierenden Produkte als rein geistige Hervorbringungen gesehen, andererseits ist der Prozeß der Rezeption und des Verstehens ein rein geistiger Vorgang. Es ist eine Hermeneutik, die spirituell ist. Die Härte der Geschichte wird spiritualisiert. Was sich dagegen, wenn auch begrifflich falsch, »materialistische Exegese« nennt, bringt in die *Diltheysche* und damit auch in die *Bultmannsche* Hermeneutik die notwendige Horizontverschiebung ein: Alles, was zu interpretieren ist, unterliegt in seiner Entstehung und seiner Überlieferung *sozialgeschichtlichen* Bedingungen, ebenso wie der Interpret sich im Prozeß des Interpretierens seiner eigenen sozialgeschichtlichen Bedingungen, unter denen er zu verstehen sucht, bewußt sein muß. Ansätze, solcher Hermeneutik auf die Spur zu kommen, liegen (für den deutschen Sprachraum) in den Arbeiten u.a. von *Fernando Belo, Kuno Füssel* und *Georges Casalis* ebenso wie in den Exegesen von *Willy* und *Luise Schottroff, Wolfgang Stegemann* und *Frank Crüsemann* vor.[30] Diese Arbeiten

---

25 D. Sölle, Politische Theologie. Auseinandersetzung mit Rudolf Bultmann (1971).
26 D. Sölle, aaO. Vorwort.
27 D. Sölle, aaO. S. 10.
28 D. Sölle, aaO. S. 74.
29 D. Sölle, aaO. S. 75.
30 Vgl. G. Casalis, Die richtigen Ideen fallen nicht vom Himmel. Grundlagen einer induktiven Theologie (1977). – F. Belo, Das Markusevangelium materialistisch gelesen (1980). – M. Clevenot, So kennen wir die Bibel nicht. Anleitung zu einer materialistischen

sind in ihren besten Partien ein eindeutiger Beweis dafür, daß die sozialgeschichtliche Korrektur der *Dilthey-Heidegger-Bultmann*-Hermeneutik nicht etwa zum Preis des Verzichts auf historisch-kritische Exegese erfolgt. Vielmehr geht es darum, mit Hilfe sozialgeschichtlicher Fragestellungen und Befunde die Exegese allererst wahrhaft *historisch* und *kritisch* werden zu lassen, weil so allein die komplexe Situation des heutigen Lesers erreichbar ist. Daher gilt: »Nur die Dialektik von Exegese *und* Hermeneutik, von der Treue zur Gegenwart *und* zur Vergangenheit, von der Verwurzelung in der Tradition *und* in der schöpferischen Erneuerung ermöglicht, daß das lebendige Wort erneut gegenwärtig zum Durchbruch kommt.«[31]

V
Schluß

Meine Mainzer Antrittsvorlesung im Jahre 1963 hatte das Thema »Evangelischer Religionsunterricht als hermeneutische Aufgabe«.[32] So würde ich heute nicht formulieren.

Heute ist zu reden von *einer* hermeneutischen Aufgabe des *Religionsunterrichts*. Welche anderen Aufgaben er immer auch haben mag, eine hermeneutische, im gewandelten Verständnis des Begriffs, hat er in jedem Falle – auch um aller anderen ihm beigelegten Aufgabenstellungen willen.

Damals habe ich formuliert, verstandene Sprache erweitere das Leben und gerade am Unterricht lasse sich das »universelle Ausmaß der hermeneutischen Thematik« erkennen.

Ich wußte damals noch nicht, *wie universell* die hermeneutische Thematik ist. Das haben wir alle erst lernen müssen.

Und wer dies nun zum Schluß als störrisches Festschreiben einer vergangenen Position ansieht, der hat schlecht gelesen.

Lektüre biblischer Texte. Vorwort von G. Theißen, Einführung in die materialistische Bibellektüre von K. Füssel (²1980). – *K. Füssel*, Sprache – Religion – Ideologie (1982). – *L. Schottroff / W. Stegemann*, Jesus von Nazareth – Hoffnung der Armen (1978). – *W. Schottroff / W. Stegemann* (Hg.), Der Gott der kleinen Leute. Sozialgeschichtliche Auslegungen, Bd. 1 und 2 (1979). – *W. Schottroff / W. Stegemann* (Hg.), Traditionen der Befreiung, Bd. 1 und 2 (1980).
31 G. Casalis, aaO. S. 77. – Vgl. auch *W. Schottroff*, in: *W. Schottroff / W. Stegemann* (Hg.), Traditionen der Befreiung, Bd. 1 (1980), S. 10.
32 Zuerst in: ZThK 61 (1964), S. 326ff.; s.o. Kap. 2.1.

3

Die Überwindung konfessioneller Verengungen

3.0
Vorbemerkung

Die Problematik konfessionell getrennten Religionsunterrichts, konkret: die Frage, ob Religionsunterricht in didaktischer Hinsicht nach Konfessionen getrennt gedacht und in der Schule entsprechend organisiert werden muß, hat zwei voneinander zu unterscheidende Wurzeln, eine historische und eine aktuelle.
Die Tendenz, die konfessionelle Trennung und die an Konfessionen orientierte didaktische Struktur des Religionsunterrichts in Frage zu stellen, begegnet bereits im 19. Jahrhundert. Das Nassauische Schuledikt von 1817 kennt nebeneinander »allgemeinen« und »konfessionellen« Religionsunterricht. *Ch. Weiß* und *A. Diesterweg* knüpfen 1848 an das Nassauer Vorbild und an Versuche mit einem allgemein-christlichen Religionsunterricht im Großherzogtum Baden in je verschiedener Weise mit eigenen Stellungnahmen zur Überwindung des konfessionellen Religionsunterrichts an.[1] Niemand wird die damaligen Vorstellungen und die dahinterstehenden Argumentationen heute unbesehen übernehmen wollen. Aber sie gehören in die Vorgeschichte des heutigen Faches »Ethik« hinein, ebenso wie man den durch die Bremer Klausel des Grundgesetzes sanktionierten Bremer Religionsunterricht (»bekenntnismäßig nicht gebundener Unterricht auf allgemein christlicher Grundlage«) nicht ohne diese Vorgeschichte verstehen kann. Im weiteren Sinne muß man diesen Vorläufern aus dem vorigen Jahrhundert jene aktuellen Reflexionen zur Überwindung des monokonfessionellen Charakters des Religionsunterrichts zuordnen, die vor der Einführung des Faches »Ethik« in den Bundesländern liegen.
Die andere Wurzel der Diskussion hängt unmittelbar mit der durch die wachsende Zahl der Abmeldungen provozierten Einrichtung des Faches »Ethik« zusammen.
Wenn man diese beiden Wurzeln und die durch sie beeinflußten Diskussionsstränge voneinander zu unterscheiden vermag, bleibt man vor dem

---

1 Vgl. *H. Steitz*, Die Nassauische Kirchenorganisation von 1818, Sonderdruck aus: Jahrbuch der Hessischen Kirchengeschichtlichen Vereinigung Bd. 12 (1961), Bd. 13 (1962), Bd. 15 (1964). – *Ch. Weiß*, Das reinmenschliche Interesse des constitutionellen Staates an der religiösen Bildung durch Schule und Kirche (1848). – *A. Diesterweg*, Konfessioneller Religionsunterricht oder nicht? (1848). Zu *Weiß* und *Diesterweg*: *H. M. Fraund*, Die Geschichte des Religionsunterrichts zwischen 1848 und 1933 (Diss. Mainz 1980, masch.-schriftl.).

Irrtum bewahrt, daß über einen allgemeinen Religionsunterricht, ob er nun »Ethik« heißt oder anders, erst seit den siebziger Jahren diskutiert würde. Wenn man umgekehrt diese beiden Diskussionsstränge zugleich aufeinander zu beziehen in der Lage ist, könnte man vielleicht manches für die heutige Profilierung des Faches »Ethik« im Sinne eines »allgemeinen Religionsunterrichts« lernen.

Die Abschnitte 3.1 bis 3.3 nehmen mit unterschiedlicher Gewichtung beide genannten Diskussionsstränge auf. Aber die Linienführung zielt natürlich eindeutig auf die Klärung der aktuellen Fragestellungen in 3.3, für die die Abschnitte 3.1 und 3.2 so etwas wie Schritte auf einem Weg darstellen.

Die Ausführungen über die Problematik des Bremer Religionsunterrichts stellen ein vom Senat der Hansestadt Bremen erbetenes Gutachten für die Verhandlung vor dem Bundesverfassungsgericht dar (3.1). Die Bindung an den Diskussionsstand der Entstehungszeit (1966) habe ich in diesem Falle bewußt nicht getilgt, weil sonst verwischt wird, in welchem Maß der Streit um den Bremer Religionsunterricht Fragestellungen enthält, die über den Anlaß hinausweisen.

3.1
Zur Problematik des Religionsunterrichts in Bremen. Ein Gutachten

I
Fragestellung und Methode

Artikel 32 Absatz 1 der Bremischen Landesverfassung lautet: »Die allgemeinbildenden öffentlichen Schulen sind Gemeinschaftsschulen mit bekenntnismäßig nicht gebundenem Unterricht in Biblischer Geschichte auf allgemein christlicher Grundlage.«
Der Staatsgerichtshof der Freien Hansestadt Bremen hat in seinem Urteil vom 23. 10. 1965 dazu festgestellt:
»Ist der BGU[1] im Sinne des Art. 32 Abs. 1 LV ›bekenntnismäßig nicht gebunden‹ und ›auf allgemein christlicher Grundlage‹ zu erteilen, so mag seine Gestaltung schwierig sein, aber er ist weder als eine religiöse noch als eine antireligiöse Unterweisung aufzufassen, und er ist in dieser Gestaltung auch jedenfalls denkbar..., ohne eine staatlich geformte Konfession darzustellen...«
Die zu klärende Frage lautet:
Ist der in Artikel 32 intendierte Religionsunterricht theologisch und pädagogisch sinnvoll und möglich?
Zur Klärung dieser Frage wähle ich einen Weg, der in den bisherigen ein-

---
1 BGU = Unterricht in biblischer Geschichte (i. S. von Art. 32 Abs. 1).

schlägigen Erörterungen, wenn ich recht sehe, kaum beschritten worden ist. Wir fragen im Zusammenhang der gegenwärtigen religionspädagogischen Diskussion nach einigen Aspekten des Grundverständnisses schulischen Religionsunterrichts. Auf diese wird dann anschließend Artikel 32 Absatz 1 zu beziehen sein, um zu überprüfen, ob das entwickelte Verständnis und die Verfassungsaussage miteinander vereinbar sind.
Diesem Weg gebührt m.E. der Vorzug gegenüber den immer wieder unternommenen Versuchen einer Klärung durch Erhellung der historischen Herkunft des BGU. Gewiß ist auch diese Betrachtungsweise in mancher Weise aufschlußreich. Aber sie bietet kaum einen unmittelbaren Ansatzpunkt, Art. 32 Abs. 1 progressiv zu interpretieren, d.h. unter Berücksichtigung der *gegenwärtigen* einschlägigen Diskussion. Gerade darum aber sollte es gehen. Man wird nämlich einem Sachverhalt, der in der Sprache einer anderen Zeit ausgedrückt ist, in seiner Gegenwartsbedeutung nicht dadurch gerecht, daß man nur die hinter dieser Sprache liegende Historie berücksichtigt.[2] Dies gilt gerade auch für den BGU, dessen verfassungsmäßige Formulierung in ihrer Diktion eindeutig hinter die Entstehungszeit der Verfassung zurückverweist. Vielmehr geht es darum zu erkennen, daß Wandlungen der allgemeinen geistigen und gesellschaftlich-politischen Situation – hier speziell die theologische und pädagogische Diskussion sowie das Verhältnis Staat – Kirche und Schule – Kirche – auch neues Licht auf alte Formulierungen werfen können.[3]

II
Begründung und Aufgabe des Religionsunterrichts[4]

In der im Laufe der Entwicklung von der Kirche unabhängig gewordenen säkularen Schule der Gegenwart kann Religionsunterricht nur insoweit ein Recht haben, als es gelingt, ihn innerhalb der generellen Bildungsaufgabe der Schule zu begreifen. Versucht man den Ansatz der Aufgabe der Schule von heute zu umschreiben – wobei bewußt alle Differenzierungen

---

2 Daß dies ein auch in der juristischen Hermeneutik relevantes Problem ist, ist hier nicht weiter zu erörtern.
3 Ein Ansatz zu solchen Überlegungen schimmert auch bei *H. Wulf*, Religionsunterricht in den Bremer Schulen (1964), S. 11 durch: »Da aber der BGU ein geistesgeschichtliches Phänomen ist, unterlag er, wie alle geschichtlichen Gebilde und geistigen Erscheinungen, in anderthalb Jahrhunderten einem Gestaltwandel und einer Gesinnungsdifferenzierung.« – Zur Vorgeschichte vgl. *P. C. Bloth*, Der Bremer Schulstreit als Frage an die Theologie, Diss. Münster 1959. Außerdem vgl. *H. Schilling*, Grundlagen der Religionspädagogik (1970), S. 47ff. (dort Lit.).
4 Vgl. dazu als grundlegende Darstellungen: *M. Stallmann*, Christentum und Schule (1958); *G. Otto*, Schule – Religionsunterricht – Kirche (1968[3]); *H. Stock*, Jenseits von Konfessionalismus und Neutralismus, in: *R. Bohnsack u.a.* (Hg.), Gottes Wort in der Evangelischen Unterweisung (1965), S. 260ff. – Hier ist noch einmal an den Blickwinkel von 1966 zu erinnern!

in diesem Zusammenhang auf sich beruhen können –, so läßt sich folgendes feststellen: Die Aufgabe der Schule besteht darin, heranwachsende Kinder und Jugendliche in ein angemessenes Weltverständnis einzuführen, so daß sie fähig werden, als künftige Erwachsene verantwortlich zu leben. Dieser Aufgabe unterzieht sich die Schule, indem sie in bestimmte Inhalte und Aspekte des Weltverständnisses einführt. Sosehr solche Einführung an der Gegenwart orientiert sein muß und zugleich auf die Zukunft gerichtet ist, ist sie doch gerade in ihrem Bezug zu Gegenwart und Zukunft an den historischen Prozeß der Prägung unserer Welt durch bestimmende Einflüsse in der Geschichte gebunden. Mit diesem Hinweis ist die Bedeutung der Überlieferung für Erziehung und Unterricht im weitesten Sinne des Wortes angesprochen. Der Bezug auf die Überlieferung meint nicht kurzschlüssige Orientierung an der Vergangenheit, sondern intensive Durchdringung geprägter Gegenwart. Einführung in die Überlieferung bedeutet somit, sich seiner Geschichte und also auch des geschichtlichen Augenblicks der eigenen Gegenwart bewußt zu werden und vor der Utopie bloßer Aktualität bewahrt zu bleiben.

Setzt man so an, dann gerät unversehens auf dem Weg eindeutig pädagogischer, im engeren Sinne didaktischer Überlegungen auch der Inhalt christlichen Religionsunterrichts in den Aufgabenbereich der Schule hinein. Ganz unabhängig vom jeweils subjektiven Verhältnis zur Kirche ist es eine im Sinne historischer Klärung redliche Feststellung, der sich niemand entziehen kann: Das Gesamtbild der geistig-kulturellen Situation, in der wir leben, ist durch einen mannigfach verästelten vielhundertjährigen Prozeß der Einflußnahme christliche Verkündigung mitbedingt. Auseinandersetzungen mit Glaube und Verkündigung haben durch Zustimmung und Widerspruch der Beteiligten das Bild mitgeprägt. Was man gemeinhin »Christentum« nennt, ist der Niederschlag dieses Prozesses. Dieses Christentum, manifest oder latent, ist in der Vielfalt seiner Erscheinungsformen eine mitbestimmende Komponente unserer Überlieferung und unseres geistigen Lebens. Dies gilt nicht gleichermaßen für alle Welt, aber es gilt für unseren Bereich. Man braucht nur an die Geschichte des Mittelalters oder an ein so andersartiges Beispiel wie den Kulturkampf unter Bismarck zu denken, an die bis in die modernste Literatur hinein zu beobachtende Prägung unserer Sprache durch christliche Einflüsse oder an gegenwärtige Auseinandersetzungen in der Gesetzgebung. Diese Stichworte zeigen konkret, wie die Welt, in die die Schule einführen soll, in Vergangenheit und Gegenwart von komplizierten geistigen Phänomenen bis hin zu alltäglichen Gegebenheiten durch die Auseinandersetzung mit dem Christentum mitgeprägt ist. Vielleicht am aufschlußreichsten ist das auf einem Gebiet zu beobachten, auf dem man es in der Regel am wenigsten erwartet. Die moderne Naturwissenschaft ist gerade in ihrer totalen »Gottlosigkeit« nur zu begreifen aus einem Verhältnis zu Welt und Natur, das eindeutig allererst die Folge biblischer Verkündigung gewesen ist. Die Wirkung der biblischen Schöpfungsverkündigung liegt darin, um es abgekürzt zu sagen, daß der Mensch dazu befreit wird, die Welt als Gegenüber, als ihm übergebenen Gegenstand zu begreifen. Das aber ist die Ablösung eines mythischen Weltverständnisses, das den Weg zur Naturwissenschaft nicht eröffnen konnte. *C. F. v. Weizsäcker* ist im Zusammenhang der Begriffe Schöpfung und Weltentstehung dieser Problematik von der Antike bis zur Neuzeit nachgegangen. Er kommt zu dem Schluß, den biblischen Schöpfungsglauben als ein »Geschenk des Christentums an das neuzeitliche Denken« zu bezeichnen.[5]

Wenn Schule und Unterricht mehr sind als ein Anpassungsprozeß an die jeweilige Gegenwart, wenn sie vielmehr zum Verstehen der eigenen Zeit und Welt anleiten sollen, dann erwächst dem Religionsunterricht aus dem angedeuteten Zusammenhang seine Aufgabe: Er muß den Schüler mit Quellen bekanntmachen, die in mannigfachen Brechungen neben anderen wesentlichen Komponenten zu der Prägung unserer Welt geführt haben. Konkret bedeutet das, daß Schüler im Religionsunterricht in die biblische Überlieferung, ihr Verständnis und methodisch reflektierte Weisen angemessenen Umgangs mit ihr eingeführt werden.[6]

Der Eigenart dieser biblischen Schriften, aber auch der Wirkungsgeschichte der biblischen Verkündigung entsprechend kann man freilich biblische Texte niemals isoliert verstehen. Ein Unterricht, der sich als Einführung in die Bibel begreift, muß sachnotwendig über biblische Texte hinausgehen. Absicht und Sinnrichtung biblischer Aussagen kann man, zumal jenseits des Grundschulalters, nur deutlich machen, wenn man zu den biblischen Aussagen ihre Auswirkungen in der Geschichte im weitesten Sinne des Wortes hinzunimmt. So ist zum Beispiel kirchengeschichtlicher Unterricht nicht etwas anderes, sondern aus der Logik der Sache heraus notwendig immer schon mitgemeint, wenn man vom Biblischen Unterricht spricht. Es hat aber nicht bei der Kirchengeschichte im engeren Sinne des Wortes sein Bewenden, sondern die Welt in ihrer ganzen Weite und Tiefe kann jederzeit in ausgewählten Aspekten (dokumentiert durch entsprechende Texte) im Religionsunterricht in partnerschaftlichen Dialog mit biblischen Aussagen kommen.

Leuenberger hat dieses Gesamtverständnis bündig formuliert: »Die Sache des Christentums ist sprachmächtig im umfassendsten und tiefsten Sinn des Wortes. Darin, wie sie sich ihre Sprache in einem ununterbrochenen Prozeß geschichtlicher Bewährung geprägt, wieder geöffnet und verwandelt und von Generation zu Generation, von Sprachraum zu Sprachraum immerfort weiter übersetzt hat, wie sie im geistigen Durchdringen aller geschichtlichen und überhaupt aller menschlichen Phänomene, auch der weltlichsten, diese Sprache unendlich bereichert hat, schließlich in ihrem Anspruch auf Zukunft und in ihrer unbegrenzten Bereitschaft, Zu-

---

5   *C. F. v. Weizsäcker*, Die Tragweite der Wissenschaft, Bd. I: Schöpfung und Weltentstehung (1964); vgl. auch *G. Picht*, Technik und Überlieferung (1959).
6   Vgl. *H. Wulf*, aaO. S. 13.

kunft auf sich zu nehmen, wie immer diese sein wird, darin ist die Sprachmächtigkeit des Christentums unter den Bildungskräften unserer Zeit durchaus einzigartig, und der Verzicht auf sie käme einer unermeßlichen Verarmung gleich.«[7]
Wir mußten eingangs etwas weiter ausholen, um uns vor der Gefahr einer verengenden Betrachtung zu bewahren. Diese Gefahr ist in der religionspädagogischen Diskussion bis heute nicht überwunden. Sie führt notwendig dazu, den Religionsunterricht nicht aus legitimen Interessen der Bildung heraus zu verstehen, sondern aus mißverständlichen und auf die Dauer den Kirchen selbst zum Nachteil gereichenden innerkirchlichen Interessen und Ansprüchen. Aber dies gerade gilt es zu überwinden. Wenn nämlich der Staat als Träger der Schule sich zur Erfüllungsinstanz kirchlicher Ansprüche macht oder gar selbst kirchliche Funktionen wahrnimmt, überfordert und mißversteht er sich selbst. Der Staat ist säkularisiert, die Schule, für die er verantwortlich ist, gleichermaßen. Aber: »Der moderne, säkularisierte Staat ist als Initiator und Träger dieses Religionsunterrichts dann legitimiert und nicht überfordert, wenn er ihn aus pädagogischer und politisch-geschichtlicher Verantwortung einrichtet, nicht als Zugeständnis an kirchliche Ansprüche, sondern um der Kontinuität und Fülle der Überlieferung und der Bildung willen.«[8]
Die weiteren Erörterungen, die sich Schritt für Schritt der spezifisch Bremischen Problematik nähern werden, haben vorwiegend den Charakter von Konsequenzen aus den eben angestellten grundsätzlichen Überlegungen.

III
Das Verhältnis des Religionsunterrichts zu Kirchen und Konfessionen

Selbstverständlich können unsere bisher an der Schule orientierten Überlegungen nicht einfach bedeuten, daß der Religionsunterricht bar jeglicher Beziehung zu den Kirchen wäre. Dies ist deswegen unmöglich, weil der Umgang mit den Inhalten dieses Unterrichtsfaches zwangsläufig deren konfessionelle Geprägtheit vor Augen hält und auf die Existenz der Kirchen in Vergangenheit und Gegenwart verweist.
Dies zu bestreiten wäre sachfremd. Mit biblischen Texten umgehen, aber zum Beispiel nicht beachten wollen, was es bedeutet, daß diese Texte als Grundlage des Unterrichts *zugleich* durch die Jahrhunderte hin Grundlage von Predigten in den Kirchen waren, wäre illegitime Verkürzung. Dies ist ein Beispiel, das sich an mannigfachen anderen Problemkreisen analog

---

7 R. *Leuenberger*, Der evangelische Religionsunterricht im Lehrkanon der Höheren Schule, in: Pädagogische Rundschau, 1. Beiheft (1965), S. 60f. (Hervorhebungen von mir). – Die bei *Leuenberger* im Zusammenhang angesprochene Problematik der Konfession beschäftigt uns weiter unten.
8 H. *Stock*, aaO. S. 274.

wiederholen ließe. Noch deutlicher wird die Fragestellung, wenn man nicht von Kirchen, sondern von Konfessionen spricht. Da die Inhalte des Religionsunterrichts auf dem Wege sprachlicher Überlieferung zu uns gekommen sind, sind sie selbstverständlich durch von Fall zu Fall verschieden weit gehende konfessionelle Prägungen immer schon hindurchgegangen. Diese konfessionellen Prägungen kann auch der Unterricht selbstverständlich nicht rückgängig machen oder überspielen wollen. Er kann sie nicht aus Gründen eines bestimmten Unterrichtsverständnisses einfach unberücksichtigt lassen wollen. Sie sind ein Faktum.
Wie ist nun angesichts dieses Sachverhalts die Beziehung des Religionsunterrichts zu Kirchen und Konfessionen näher zu bestimmen? Oder anders gefragt: Welche Relevanz, welchen »Ort« haben Kirchen und Konfessionen im Ansatz und im Vollzug des Religionsunterrichts?
Eine negative Abgrenzung der Antwort auf diese Fragen liegt auf der Hand: Es kann und darf nicht Sache des Unterrichts sein, sich als Interessenvertreter von Kirchen und Konfessionen zu verstehen. Auch wenn dies in sehr sublimen Formen geschieht und nicht so direkt ausgedrückt wird, bleibt es abzulehnen. Denn Schule ist heute nicht Kirche, Schulunterricht nicht Gemeindeunterweisung.
Vielmehr gilt, daß Kirchen und konfessionelle Prägungen selbst immer neu zu reflektierender *Gegenstand* des Unterrichts sind. Im Religionsunterricht sind Kirchen und Konfessionen nicht unbefragte Gegebenheiten, mit denen vertraut gemacht oder in die eingeführt wird, sondern sie sind selbst *Gegenstand* der Betrachtung. Dies hat seinen Grund darin, daß alle Kirchen und Konfessionen in ihren jeweiligen Prägungen relative, aber nicht absolute Größen sind. Das heißt: »Das Verhältnis des biblischen Unterrichts zur Konfession ist *problematisch*. Er muß nicht programmatisch und institutionell konfessionsgebunden sein, denn die Konfessionen sind in der Tat, theologisch gesehen, geschichtlich bedingte und nur relativ gültige Ausprägungen und Zertrennungen des zugrunde liegenden ursprünglichen christlichen Glaubens.«[9]
Unter diesem Aspekt erfahren Kirchen und Konfessionen im Religionsunterricht der Schule die ihnen hier angemessene und auch zukommende Beachtung. Sie werden nicht etwa neutralisiert oder übergangen, sondern sie werden, wie das im Laufe der Schulzeit in zunehmendem Maß mit den Unterrichtsinhalten aller Fächer geschieht, *reflektierend* verstanden. In den verschiedenen Altersstufen wird das notwendig auf verschiedene Weise und in unterschiedlichem Maße geschehen. In der Grundschule etwa wird es weithin darum gehen, daß die Lehrhaltung des Unterrichtenden und seine eigene Beziehung zum Inhalt des Religionsunterrichts von den eben angestellten Erwägungen bestimmt ist. In höheren Altersstufen wird die Problematik den Schüler immer bewußter an ausgewählten Beispielen explizit beschäftigen.

---

9 H. *Stock*, aaO. S. 268 (Kursivierung von mir).

So gesehen ist es durchaus denkmöglich, daß man sich in einem »bekenntnismäßig nicht gebundenen Unterricht« konfessioneller Prägung der Unterrichtsinhalte bewußt wird, ohne sich einer Konfession zu verschreiben. »Konfessionalismus« und »Neutralismus« sind also gleichermaßen überwindbar. *Stock* hat dafür die schöne Formel gefunden: »Recht verstanden sollten aber die beiden Prinzipien des Religionsunterrichts – Konfessionsbezogenheit und wissenschaftliche Sachlichkeit (›Neutralität‹) – einander in der Schwebe halten.«[10]

IV
Der Begriff »christliche Schule« als instruktive Parallele

Die hier zu erörternde Problematik hat ein über den Religionsunterricht hinausführendes, das Grundverständnis der Schule betreffendes Gewicht. In vielen Schulgesetzen der Länder finden sich Aussagen – in variablen Formulierungen – über den christlichen Charakter der Schulen.[11] Diese Aussagen der Gesetze betreffen wohlgemerkt nicht die Bekenntnisschulen, sondern jeweils alle öffentlichen Schulen, also gerade auch die Gemeinschaftsschulen.
Mit dieser Bezeichnung des Gesamtverständnisses der Schule kann sachgemäß nichts anderes gemeint sein als das, was wir für das Verständnis des Religionsunterrichts bisher ausgeführt haben. Wenn eine weltliche Schule des 20. Jahrhunderts in ihrer Grundbestimmung als »christlich« bezeichnet wird[12], so ist damit nicht eine spezifische Kirchenbindung gemeint, sondern der Gesetzgeber war offenbar der Ansicht, daß eine Schule in unserer geistigen Situation ihre geschichtliche Aufgabe nur wahrnehmen kann, wenn sie sich bewußt vor die Aufgabe der Interpretation des christlichen Einflusses in unserer geistigen Überlieferung gestellt sieht. Ein Religionsunterricht im oben beschriebenen Sinn nimmt sich dieser Aufgabe an, obschon die Aufgabe selbst zweifellos über sein Fach hinausgeht. Hier wie dort geraten dann Kirche und Konfession von Fall zu Fall als Gegenstand reflektierenden Unterrichts in das Blickfeld von Lehrer und Schüler.
In den entsprechenden Schulgesetzen finden wir also die Auffassung, daß

---

10   H. *Stock*, aaO. S. 260; vgl. auch aaO. S. 269: »Die Beziehung zwischen schulischem Religionsunterricht und Konfession ist aber als ein freies Bezugsverhältnis anzusehen...«
11   Vgl. die Schulgesetze der Länder und außerdem R. *Schmoeckel*, Der Religionsunterricht (1964); *E. C. Helmreich*, Religious Education in German Schools (1959), deutsch: Religionsunterricht in Deutschland (1966).
12   Die Problematik einer solchen Bezeichnung der Schule ist hier nicht zu erörtern, daher auch nicht der Umstand, daß man besser auf sie verzichtete. Es kann hier nur um die sinnvollen Intentionen gehen, die hinter solcher Bezeichnung zu suchen sind und für die Schule gewahrt werden müssen. Insgesamt vgl. *H. Stock*, Schule und Christentum – Fragen zum Niedersächsischen Schulgesetz, in: THP 1 (1966), S. 132ff.

es eine Beziehung zum Christentum und eine Bezugnahme auf das Christliche in unserer Überlieferung gibt, die nicht programmatisch konfessionell ist. Dieser positiven Interpretationsmöglichkeit sollte man sich bewußt bleiben, auch wenn die Einzelformulierungen der Gesetze und nicht zuletzt der Hintergrund ihrer Entstehung oft berechtigte Beschwernisse verursachen. Aber das kann in unserem Zusammenhang auf sich beruhen. Entscheidend ist vielmehr: Es gibt eine – wie mißverständlich in den Schulgesetzen auch ausformulierte – Beziehung der Schule auf die christliche Überlieferung, die der Beachtung für wert gehalten wird, ohne daß sie sogleich ausschließlich im Sinn einer Konfession begriffen würde. Von dieser Beobachtung her eröffnen sich folgenreiche prinzipielle Möglichkeiten für das Grundverständnis des Religionsunterrichts. Diese Möglichkeiten verweisen eindeutig auf eine Auffassung von Aufgabe und Inhalt dieses Unterrichtsfaches, wie wir sie unter II und III umrissen haben.

V
Zum Problem des sogenannten Gesinnungsunterrichts

In den Auseinandersetzungen um den Bremischen Religionsunterricht spielt vielfach die Frage eine Rolle, ob es sich bei diesem Fach um »Gesinnungsunterricht« handle oder nicht.[13] Die Frage bereitet deswegen Schwierigkeiten, weil sie nicht nur in einem pädagogisch eindeutig überholten Vokabular gestellt ist, sondern zugleich auch zu einer jedem Schulfach, nicht nur dem Religionsunterricht, unangemessenen Alternative verführen möchte.

Die Vokabel »Gesinnungsunterricht« hat innerhalb eines Unterrichtsverständnisses ihren Sinn, bei dem es auf der anderen Seite unterrichtliche Veranstaltungen im Stile purer distanzierter Information gäbe. Nach neuerem Verständnis der Sache verfehlt diese Alternative jedoch jeden Unterricht.

Unterricht ist darauf aus, beim Schüler einen Prozeß des Verstehens in Gang zu bringen. Daß innerhalb eines solchen Prozesses der einzelne Schüler in verschieden starkem Maße nicht nur eine Sache zu verstehen beginnt, sondern im Spiegel dieser Sache sich auch selber verstehen lernt, liegt im Wesen jeden Unterrichts. Man kann nicht eigene Betroffenheit, die Erfahrung des »Es geht mich an« von irgendeinem Unterrichtsfach prinzipiell ausschließen oder aber diese Erfahrung für ein bestimmtes Unterrichtsfach ebenso prinzipiell dekretieren. Daher führt der Begriff »Gesinnungsunterricht« in die Irre, denn man könnte stets mit gleichem Recht sagen, daß aller Unterricht »Gesinnungsunterricht« sei[14], oder

13 Vgl. bes. *U. Scheuners* Gutachten vom 8. 5. 65, S. 32.39.
14 So das Unterrichtsverständnis *Herbarts* und der Herbartianer und aller, die in dieser Tradition standen.

aber – wenn man an unverantwortliche Beeinflussung denkt – daß kein Unterricht »Gesinnungsunterricht« sein dürfe. Damit zeigt sich, daß der Begriff »Gesinnungsunterricht« generell irreführend ist. Er ist nicht geeignet, die Eigenart eines Unterrichtsfaches zum Ausdruck zu bringen.
Freilich mag hinter dem Gebrauch dieses mißverständlichen Begriffs die berechtigte Frage nach Wirkung und Einfluß des Religionsunterrichts auf den Schüler stehen. Darauf ist zu antworten: Der Umgang mit den Inhalten des Religionsunterrichts schließt jederzeit die Möglichkeit ein, daß ein Schüler sich vom jeweiligen Inhalt und seiner Auslegung im Unterricht in der Tiefe seiner Existenz, im Gewissen, in seiner »Gesinnung« betroffen sieht. Dies ist aber nicht einfach machbares Ziel des Unterrichts, auf das alles angelegt ist, sondern ein Geschehen, das widerfahren kann, wenn der Lehrer nichts anderes im Sinn hat als der Sache angemessene Klärung. Daß dieser Prozeß der Klärung für einen anderen Schüler zur selben Zeit dann auch zu entschiedener Ablehnung des Inhalts führen kann, ist selbstverständlich und berechtigt.[15]
Es ist nun aber durchaus eine Verkennung der pädagogisch-psychologischen Problematik, wenn man einen Religionsunterricht im oben beschriebenen Sinn, der auf den mißverständlichen Namen »Gesinnungsunterricht« aus den eben genannten Gründen bewußt verzichtet, für eine nur distanziert historisierende, neutralistische Information hält, der der wirkliche Ernst des Engagements fehle. Für allen Umgang mit Geschichte und Überlieferung, zumal aber für allen Unterricht gilt geradezu im Sinne einer Wesensbestimmung ein Doppeltes. Einerseits: Distanz erst ermöglicht Betrachtung und reflektierendes Verstehen. Wer sich der Distanz nicht bewußt wird, erliegt unhistorischen Identifizierungen. Aber zugleich andererseits: Verstehen überwindet die Distanz je und je, nämlich dadurch, daß die fremde Sache mich erreicht und daß ich die fremde Sache erreiche. Dieser immer neue Prozeß zwischen Distanz und Nähe macht rechten Unterricht aus und charakterisiert, was Verstehen heißt.[16]

VI
Bemerkungen zu vorliegenden Gutachten

Ohne in jedem Falle ausdrücklich darauf hinzuweisen, haben wir uns bereits in den bisherigen Ausführungen auch mit den Gutachten von Professor Dr. *Ulrich Scheuner* (20. 11. 1965 und 8. 5. 1965), Professor Dr. Dr. *Ernst Friesenhahn* (20. 11. 1965), Professor *Hans Bohnenkamp* (21. 6. 1965) und Domkapitular Dr. *Wilhelm Brüggeboes* (20. 6. 1965) ausein-

---

15   Vgl. dazu: *G. Otto*, Schule – Religionsunterricht – Kirche (1968[3]), S. 103ff.; *ders.*, Der problematische Religionsunterricht, in: Radius (1964/4), S. 21ff.
16   Vgl. konkrete Beispiele dafür in: *G. Otto*, Handbuch des Religionsunterrichts, 1. bis 3. Aufl. 1964/67.

andergesetzt. Auf einige Gedankengänge, die zum Teil mehrfach in verschiedenen Gutachten wiederkehren, ist nun noch gesondert einzugehen.

In *Scheuners, Friesenhahns* und *Brüggeboes'* Argumentation fällt auf, daß das schulisch-didaktische Eigengewicht der Problematik vorschnell unter kirchlichen Prämissen erörtert wird und darum gar nicht recht ins Blickfeld kommt. Weil die entscheidenden Fragen des Religionsunterrichts stets sogleich als Problem der *Kirchen* erörtert werden[17], nicht aber als Fragen der *Schule,* in deren Bildungszusammenhang der Unterricht stattfindet, ergeben sich folgenreiche Kurzschlüsse. So ist es z.B. nicht einzusehen, inwiefern durch einen bestimmten Unterricht der Schule »das Recht der Bremischen Kirche zur freien Verkündigung ihres Glaubens beeinträchtigt wird«[18]. Denn: Daß die Verkündigung der Kirche in die Schule hineingehöre, wird hier zwar behauptet, aber durch kein *pädagogisches* Argument gestützt. Ebensowenig ist einzusehen, warum die Bezeichnung »christlich« nur im Sinne kirchlicher Selbstbezeichnung[19] am Platz sein soll; fraglos kann diese Bezeichnung auf die Kirchen und ihre Verkündigung verweisen, aber ebenso signalisiert sie doch zugleich einen umfassenden geschichtlichen Bildungszusammenhang, und auf eben den muß sich die Schule im Verständnis ihrer Aufgabe bezogen wissen.

Vielfach wird mit der Gegenüberstellung »religiös« – »weltlich« zur Charakterisierung des Unterrichts operiert.[20] Dies ist theologisch wie pädagogisch ein Denkmodell, das mehr verwirrt als klärt. Wenn man sich freilich dieses Modells bedienen will, kann man nur davon ausgehen, daß die Schule heute eine »weltliche« Institution ist und folglich die Schulfächer »weltlichen« Charakter haben. »Weltlich« meint dann die Einordnung der Einzelaufgaben in einen säkularen Bildungszusammenhang. In ihm hat die Beschäftigung mit Christentum und biblischer Überlieferung Recht und Raum im weiter oben beschriebenen Sinn.

Wir haben darzulegen versucht, daß ein die Konfessionen reflektierender Unterricht sinnvoll und möglich ist. Es ist nicht einzusehen, warum ein solcher Unterricht notwendig auf eine »die Grenzen der Konfessionen verwischende Lehre«[21] hinauslaufen muß. *Scheuners* Argumentation läßt wiederum die didaktische Reflexion der Aufgabe vermissen und muß daher ihre Unmöglichkeit postulieren. Ebenso gibt es keinen Anhalt dafür, daß Inhalt des Unterrichts sein müsse, »was nach Abzug der konfessionellen Unterschiede von der Bibel übrigbleibt«[22]. Lehrpläne entstehen nicht durch Subtraktionsverfahren, und Art. 32 sowie das Urteil des Bremischen Staatsgerichtshofes vom 23. 10. 1965 legen ein solches Verfah-

17 Besonders einseitig Gutachten *Brüggeboes* (20. 6. 65), S. 3.
18 Gutachten *Scheuner* (20. 11. 65), S. 6.
19 Ebd. S. 21.
20 Vgl. z.B. Gutachten *Scheuner* (20. 11. 65), S. 13 und 24.
21 Gutachten *Scheuner* (20. 11. 65), S. 14.
22 Ebd. S. 15.

ren auch nicht nahe. Daher ist auch die Bezeichnung »überkonfessionelles Bekenntnis«[23] irreführend. Es geht weder notwendig um Subtraktion auf das »Allgemeine« hin noch notwendig um eine Summierung des »Gemeinsamen«[24], sondern um eine didaktisch fundierte Auswahl, die der Pluralität der Inhalte gerecht wird. Einen solchen Lehrplan zu erarbeiten ist Sache der für die Schule zuständigen Behörde wie in jedem anderen Fach auch. Und ebenso wird hier überall die Auswahl des Plans vor der Fülle und vor der Struktur der geschichtlichen Wirklichkeit, die im jeweiligen Fach repräsentiert wird, verantwortet werden müssen. Diese Aufgabe muß der Schulträger für jedes Fach erfüllen. Es ist nicht einzusehen, warum er von ihr angesichts der christlichen Überlieferung überfordert sein soll.[25]

Bohnenkamp bezieht sich auf das Gutachten des Deutschen Ausschusses für das Erziehungs- und Bildungswesen »Zur religiösen Erziehung und Bildung in den Schulen«.[26] Bei diesem Gutachten ist zu bejahen, daß die seit Ende der fünfziger, Anfang der sechziger Jahre begonnene neue Grundsatzdiskussion über den Religionsunterricht noch nicht ausreichend in die Argumentation einbezogen worden ist. Damit ist, gemessen am heutigen Stand der Klärung, eine spürbare Einseitigkeit gegeben. Bei *Bohnenkamp* wird das besonders darin sichtbar, daß auch er die Relevanz des Christentums für die Schule letztlich nicht im Bildungszusammenhang zu sehen vermag, sondern nur im kirchlichen Gefüge – obwohl es doch um ein Unterrichtsfach der Schule gehen soll! Die Formel »nur sofern man diese ›säkularisierten‹ Gehalte noch christlich nennt«[27], konstruiert im Blick auf die Schule eine falsche Alternative. Es geht im Ansatz des Unterrichts gerade darum zu erhellen, wie zum Verständnis der säkularen Welt Grundkenntnisse der biblischen Überlieferung notwendig sind. Dies schließt die Beschäftigung mit bekenntnishaften Ausprägungen ein.[28]

VII
Fazit

Unser Ausgangspunkt bei der sachlichen Klärung der Aufgabe des Religionsunterrichts in der Schule von heute und die angeschlossenen Überlegungen, in denen zwar die Bremer Problematik immer schon mit im

---

23 Gutachten *Friesenhahn* (20. 11. 65), S. 16 und 26.
24 Daher trifft auch *Brüggeboes'* Argumentation nicht zu, Gutachten (20. 6. 65), S. 4.
25 Vgl. zur Lehrplanproblematik E. *Weniger,* Theorie der Bildungsinhalte und des Lehrplans (1965²); W. *Klafki,* Art. Didaktik, in: Pädagogisches Lexikon, hg. von *Groothoff* und *Stallmann* (1961).
26 Stuttgart 1963.
27 Gutachten *Bohnenkamp* (21. 6. 65), S. 3.
28 Diese Aufgabe verkennt *Bohnenkamp* auch, Gutachten (21. 6. 65), S. 5.

Blickfeld lag, jedoch weithin noch nicht explizit angesprochen worden ist, ziehen nun die Schlußfrage nach sich, ob das dargelegte Verständnis des Religionsunterrichts innerhalb der Formulierungen des Artikels 32 Absatz 1 der Bremischen Verfassung zu verwirklichen ist.
Dabei wird man in Rechnung stellen müssen, daß die Formulierungen von Artikel 32 nicht dem Vokabular heutiger religionspädagogischer Diskussion entstammen. Das hat aber zur Folge, daß eine sachgemäße Interpretation sich nicht einfach mit dem Anstoß am überholten Vokabular begnügen darf – wie es offensichtlich weithin geschieht –, sondern die Intentionen der Väter der Verfassung in unsere Sprache zu übersetzen und auf die gegenwärtige Denkebene zu überführen hat. Tut man dies aber, so scheint mir auf der Hand zu liegen, daß sich von Artikel 32 her an keiner Stelle ein ernsthafter Widerspruch zu den oben dargelegten Umrissen eines gegenwärtigen Verständnisses des Religionsunterrichts ergibt. Für den, der die Geschichte des Religionsunterrichts kennt, ist dies nicht so überraschend, wie es auf den ersten Blick scheinen mag. Seit einer Reihe von Jahren wird in der religionspädagogischen Fachdiskussion deutlich, daß wir dabei sind, aus der Vergangenheit stammende Fragestellungen, die im Verlauf der theologischen Entwicklung nach dem Ersten Weltkrieg, in der Bekennenden Kirche und auch noch nach dem Zweiten Weltkrieg aus wohlverständlichen Gründen abgedrängt worden sind, wieder mehr und mehr zu ihrem Recht kommen zu lassen. In diesem Zusammenhang gewinnen die zwar in überholte Formulierungen gefaßten Aussagen des Artikels 32 Absatz 1 der Sache nach neue Aktualität.

So ergibt sich:
1. »Bekenntnismäßig nicht gebundener Unterricht« schließt die angemessene kritisch-reflektierende Berücksichtigung der konfessionellen Prägungen der Inhalte des Religionsunterrichts nicht aus, sondern sie sind aus der Logik der Sache gefordert. Die Berücksichtigung solcher Prägungen kann auch der Intention von Artikel 32 Absatz 1 nicht widersprechen, denn die Intention geht nicht gegen solche sachgemäße Berücksichtigung, sondern gegen institutionell-programmatische Konfessionalität und kirchliche Gebundenheit des Unterrichts – beides im Sinne der ausschließlichen Bindung an je *eine* Konfession.
2. »Biblische Geschichte« bezeichnet den Inhalt. Dabei ist zu berücksichtigen, daß zu »biblischen Geschichten« ihre Auslegungs- und Wirkungsgeschichte im weitesten Sinne des Wortes gehört. Wer von der Bibel als Inhalt des Unterrichts spricht, bezieht sachnotwendig diese »Folgen« mit ein. Lehrpläne und Praxis des BGU in Bremen zeigen, daß stets auch so verfahren worden ist.
3. Der Hinweis auf die »allgemeine christliche Grundlage« bringt kein spezifisch neues Element in die Aussage hinein, sondern integriert die Aufgabe des Religionsunterrichts nur noch einmal in die Gesamtaufgabe der Schule.

4. Es kann keine Rede davon sein, daß bei solchem Unterricht der Gesetzgeber eine »dritte Konfession« etabliere. Dies wäre in der Tat logisch wie faktisch unsinnig. Der Pluralität konfessioneller Prägungen Rechnung tragen heißt aber nicht eine neue Konfession begründen.[29]

Religionsunterricht in solchem Verständnis ist nicht nur »*denkbar*«, sondern auch *realisierbar*. Überdies ist angesichts der geistigen Situation unserer Zeit und im Blick auf die geistesgeschichtlichen Wandlungen des Verhältnisses zwischen Kirche und Schule, die nüchtern in Rechnung zu stellen sind – nüchterner, als es viele Regelungen in anderen Bundesländern tun –, solches Unterrichtsverständnis heute *realistisch*.

VIII
Zur konfessionellen Problematik (Nachtrag[30])

Es ist über Bremen hinaus zu fragen, ob Stellung und Verständnis des Religionsunterrichts als ordentliches Lehrfach in seiner traditionell konfessionellen Gestalt für eine Schule der Zukunft nicht generell neu bedacht werden müssen.
Wenn die Lösung der Schule von der Kirche wirklich gilt, wenn die Schule auf die geistig-kulturelle Gesamtsituation bezogen und ihr verpflichtet ist und wenn daher für den Unterricht die christliche Überlieferung von ihrem biblischen Ursprung bis in ihre weitverzweigte Wirkungsgeschichte hinein in didaktisch jeweils neu abzuklärender Weise relevant ist, dann muß man konsequenterweise fragen: Ist es eigentlich *prinzipiell* ausgeschlossen, daß der Religionsunterricht für *beide* Konfessionen in *einem* Fach verwirklicht werden könnte? Daß dafür heute nicht nur die gesetzlichen Grundlagen, sondern auch die faktischen Voraussetzungen fehlen, etwa in der Vorbildung der Lehrer, ist eine andere Frage, die uns nicht hemmen sollte, Wege für die Zukunft zu bedenken. Betrachtet man die Dinge erst einmal so pragmatisch wie möglich, um sich vor ideologischen Versteifungen und eingefahrenen Vorurteilen zu bewahren, so fällt zweierlei auf: Einerseits wird in dem Augenblick, da man den Unterricht von allen gottesdienstlichen Formen und aller liturgischer Erziehung befreit, für die Unterstufe die faktische Gemeinsamkeit der zur Debatte stehenden Situationen und der zu lösenden Aufgaben evident – so evident, daß

---

29 Wenn *H. Wulf*, aaO. S. 12 von »Überkonfessionalität« spricht, so ist das mindestens terminologisch mißverständlich.
30 Aus: *G. Otto*, Zur Frage nach der Repräsentation des Christlichen in der Schule der Gegenwart, zuerst in: Kirche in der Zeit 22 (1967), S. 517ff. Vgl. außerdem *G. Otto*, Art. Religionsunterricht, in: *G. Otto* (Hg.), Praktisch-theologisches Handbuch (1970/1975²); ders. / *H. J. Dörger* / *J. Lott*, Neues Handbuch des Religionsunterrichts (1972). – Außer den eingangs diskutierten Autoren vgl. zur Frage der Konfessionalität des Religionsunterrichts noch *E. Witzsche*, Kritischer Religionsunterricht in der dialogischen Schule (1971), dort Literatur.

es sich fragt, wie man sie zweispurig eigentlich lösen will. Andererseits sollte dem Oberstufenunterricht jeden Schultyps (Sekundarstufe I und II) doch unter allen Umständen die Aufgabe gestellt sein, die konfessionelle Prägung zu durchschauen, zu reflektieren, zu problematisieren, immer im Maße des jeweils Möglichen, aber eben nicht nur die eigene, sondern auch die jeweils andere konfessionelle Prägung. Das geschieht heute für die eigene kaum, für die jeweils andere in einem erschreckenden Maße überhaupt nicht. Warum sollte dies prinzipiell in einem Unterricht unmöglich sein, der *beiden* Konfessionen zugleich Rechnung trägt und dadurch die Realität allererst erreicht?
Selbstverständlich sind hier noch mehr Probleme zu erwägen als die eben genannten. Um ihre Erörterung zu provozieren, stellen wir die These zur Diskussion:

Da im Unterstufenunterricht die konfessionelle Problematik kaum gestellt ist und da sie in den Sekundarstufen konsequent und gezielt in Konfrontation der beiden großen Konfessionen bedacht werden muß, ist die konfessionelle Trennung des Religionsunterrichts weder nötig noch sinnvoll. Um Mißverständnisse auszuschließen, sei ausdrücklich vermerkt, daß diese Überlegungen nicht auf einen neutral-überkonfessionellen Unterricht abzielen, der das »Gemeinsame« herauszudestillieren hätte, sondern in Richtung eines *bikonfessionellen* Unterrichtskonzepts fragen.
Es kommt hinzu, daß die traditionelle konfessionelle Gliederung des Religionsunterrichts nicht von ferne so selbstverständlich ist, wie uns das aus begrenztem deutschen Blickwinkel oft scheinen will. Um in der eigenen Klärung der Fragen weiterzukommen, wäre es daher dringend nötig, endlich intensiver zur Kenntnis zu nehmen und auf seine Anregungsfähigkeit zu analysieren, wie es mit dem Religionsunterricht in anderen Ländern beschaffen ist. Eine Kirche, die ökumenisch sein will, darf in der Beurteilung der Unterrichtsproblematik nicht länger provinziell bleiben. Das wäre in der Tat eine vorwärtsweisende Initiative der Kirche: die Situation des Religionsunterrichts zumindest in den europäischen Ländern gründlichst studieren zu lassen, die eigenen Verhältnisse kritisch auf ihre Tragfähigkeit zu überprüfen, beides miteinander zu vergleichen – und dann von sich aus mutig Konsequenzen, auch juristische, für eine künftige Gestalt des Religionsunterrichts in der »Schule für alle« zu fördern und zu fordern.

3.2
Konfessioneller oder allgemeiner Religionsunterricht?

Die Frage, ob Religionsunterricht konfessionell *organisiert* – also für jede Konfession getrennt – und in inhaltlicher Hinsicht konfessionell *strukturiert* – also durch jeweilige Konfessionalität präjudiziert – sein soll oder nicht, ist eine *didaktische* Frage, und als solche wird sie hier verhandelt. Zur Vermeidung unfruchtbarer Mißverständnisse ist es offenbar nötig, dies vorweg festzustellen. Das heißt: Wir erörtern nicht *generell* Recht und Grenze und Problematik von Konfessionen, auch nicht den Stand der ökumenischen Debatte oder der inzwischen erreichten (oder nicht erreichten) Nähe zwischen verschiedenen Konfessionen. Wir erörtern vielmehr eine *spezielle* Frage, nämlich: ob Religionsunterricht *in öffentlichen Schulen heute* seiner *pädagogischen Aufgabe* gerecht wird, wenn er *konfessionell* organisiert und strukturiert ist – was immer sonst noch zum Thema Konfession und Konfessionalität zu sagen ist. Dieser didaktischen Frage wird man nicht dadurch gerecht, daß man auf »450 Jahre konfessionelles Christentum«[1], also auf die *Vergangenheit* zurückverweist, um die heute dringliche Frage abzuweisen – und auch nicht dadurch, daß man die Überwindung konfessionellen Religionsunterrichts als »utopischen Standort«[2] apostrophiert, also auf die *Zukunft* vertröstet.

Über die Argumentation im Bremer Gutachten hinaus will ich hier die Problematik von einer *Konsequenz* konfessionellen Religionsunterrichts, sozusagen vom Gegenbild her, konkretisieren. Diese Konsequenz ist: *Ersatzunterricht* für solche Schüler, die am konfessionellen Religionsunterricht nicht teilnehmen. An den jetzt vorliegenden ersten Richtlinien für diesen Ersatzunterricht zeigt sich unsere Problematik noch einmal von anderer Seite in wünschenswerter Zuspitzung, zumal wenn man sie in die Gesamtsituation einbettet.

I
Zur Theorie und Praxis gegenwärtigen Religionsunterrichts

Es kann hier nur um wenige Hinweise zum Hintergrund der spezielleren Fragestellung gehen. Ebenso müssen wir die einschlägigen rechtlichen Regelungen und ihre Problematik als bekannt voraussetzen. Profil und Praxis des Religionsunterrichts nach 1945 bis zum Ende der sechziger Jahre entsprechen weitgehend der Richtung, in die ein Teil der Ländergesetzgebung weist: Die relativ weiten Formulierungen des Grundgesetzes (Art. 7) werden restriktiv, d.h. eher kirchenbezogen als schulorientiert umgesetzt.[3] Das gilt auf der Ebene religionspädagogischer Theoriebildung in variantenreicher, differenzierter Hinsicht; im faktisch erteilten Religionsunterricht, an den Präambeln seiner Lehrpläne und Richtlinien,

---

1 *K. Wegenast*, Glaube, Schule, Wirklichkeit (1970), S. 71.
2 *G. Stachel*, Konfessioneller Religionsunterricht an der konfessionell nicht gebundenen Schule, in: *W. G. Esser* (Hg.), Zum Religionsunterricht morgen I (1970), S. 116.
3 Vgl. *A. v. Campenhausen*, Erziehungsauftrag und staatliche Schulträgerschaft (1967), S. 157ff., auch *E. Fischer*, Trennung von Staat und Kirche (1971²).

an den im Vordergrund stehenden Inhalten, an den Erwartungen der Eltern ist es noch viel deutlicher abzulesen. Im Religionsunterricht dieser Epoche steht, nach Konfessionen getrennt, christliches, meist noch präziser: kirchliches Glaubens- und Lebensverständnis im Vordergrund, zentriert in extensiver Behandlung biblischer Texte, und meist ist dies nahezu alleiniger Unterrichtsgegenstand. Werden andere als christliche Inhalte und Auffassungen in den Unterricht einbezogen, zum Beispiel Fremdreligionen oder Inhalte aus dem Bereich der Dichtung, der Philosophie, der Gesellschaftslehre, dann geschieht das gern im Sinne der »Konfrontation«, bei der bewußt oder unbewußt für jede Beurteilung zuvor festliegende christliche Normen leiten. *Hubertus Halbfas* hat die damalige Situation mit wünschenswerter Schärfe attackiert:

»Es ist ein gutachtlich bescheinigter Skandal, daß die katholischen wie evangelischen Religionsbücher bis zum heutigen Tage die Existenz anderer Konfessionen und Religionen nahezu ignorieren, beziehungsweise nur in pauschaler Abwertung deren Schicksal als das Schicksal der ›in Finsternis Weilenden‹ und als Kontrastkulisse für die zu Heil und Herrlichkeit berufenen ›Gotteskinder‹ benutzen. . . . Religionsunterricht darf sich in Zukunft nicht mehr wie bislang mit den harmlosen Tugenden des ›Gotteskindes‹ beschäftigen. Seine ethische Bildung ist den gegenwärtigen Gesellschaftskonflikten nicht länger gewachsen.«[4]

Solcher Religionsunterricht ist in die Krise geraten, und zwar nicht zufällig oder beiläufig, sondern mit guten Gründen und in ganz bestimmten zeitgeschichtlichen Zusammenhängen.[5] Ich hebe dafür nur wenige, ausgewählte Beobachtungen hervor.
Die in der zweiten Hälfte der sechziger Jahre beginnenden Protestbewegungen von Jugendlichen in aller Welt – die komplexen Bedingungszusammenhänge dafür müssen hier unerörtert bleiben –, waren ein Seismograph für Ansätze neuer Beurteilungen und Einstellungen, neuer Erwartungen und Anforderungen seitens der Jugendlichen. Das gilt im Blick auf die Gesamtgesellschaft, und es konkretisierte sich besonders deutlich im Rahmen der Universitäten und der höheren Schulen, von dort aus dann auch mit Bezug auf den Religionsunterricht. Im Mittelpunkt der Verhaltens- und Einstellungsänderungen stand bei Jugendlichen, für die die Kriegs- und frühe Nachkriegserfahrung kein lebensbestimmender Faktor mehr war, die Infragestellung überkommener Wert- und Ordnungsgefüge, christlich-kirchliche eingeschlossen, die man angesichts der Weltverhältnisse in ihrem Unvermögen, in ihrer Effektlosigkeit durchschaute. Damit hängt die ebenfalls durch Erfahrung gedeckte Skepsis gegenüber allen Auffassungen zusammen, die meinen, man könne durch individuell bleibende Anrede, durch Affirmation, gegenwärtigen Weltver-

4   H. *Halbfas*, Fundamentalkatechetik (1969²), S. 243f.
5   Einen Einblick vermitteln *F. W. Bargheer*, Das Interesse des Jugendlichen und der Religionsunterricht (1972); *E. Witzscher*, Kritischer Religionsunterricht in der dialogischen Schule (1971); *N. Havers*, Der Religionsunterricht (1972).

hältnissen und Lebensproblemen gerecht werden. Es ist deutlich geworden, daß man auf diesem Wege eben nicht mehr Gerechtigkeit für Rechtlose, keine Gleichberechtigung für gesellschaftlich Benachteiligte, keine Verringerung von Krieg, Gewalt oder Hunger in der Welt hat erreichen können.

Das Verhältnis zur Kirche als Institution ist in diesen umfassenden Prozeß des Fragens und Infragestellens einbezogen. Das gilt naturgemäß auch für einen Religionsunterricht, der sich als kirchlich orientiert versteht – oder genauer: den man als Schüler für kirchlich orientiert und gesteuert hielt, gleichgültig, mit wieviel Recht. Der Hintergrund dafür sind eine Vielfalt kritischer Anfragen an die Kirche, an ihr Selbstverständnis und ihre Selbstdarstellung in Vergangenheit und gegenwärtiger Öffentlichkeit, und darüber hinaus spielt eine hervorragend funktionierende Antenne für alles, was nach Indoktrination riecht, eine entscheidende Rolle.

In Aussagen von Schülern, wie wir sie aus Befragungen, Schülerzeitungen und Flugblättern dieser Jahre kennen, hörte sich das zum Beispiel so an:

»*Mängel des Religionsunterrichts*
1. Der Religionsunterricht wird als Konfessionsunterricht erteilt.
    a) Die Unterrichtsgegenstände werden zu sehr aus der Sicht einer Konfession ausgewählt und dargestellt.
    b) Es wird vom Schüler oft ein persönliches Bekenntnis in einer bestimmten Richtung gefordert.
    c) In den unteren Klassen wird vielfach religiöse Praxis wie Gebet und Gesang ausgeübt.
2. Schüler haben weitgehend keinen Einfluß auf die Auswahl des Unterrichtsstoffes.
    a) Der Anteil moderner Theologie am Stoff ist zu gering.
    b) Nichtchristliche Religionen, christliche Sekten und Freikirchen werden nicht ausreichend besprochen.

Forderungen an den Religionsunterricht
1. Der Unterricht sollte ein Informations- und Diskussionsunterricht auf überkonfessioneller Basis sein.
2. Der Lehrplan sollte den Wünschen der Schüler nach Information über
    a) aktuelle theologische Fragen
    b) außerchristliche Religionen, christliche Sekten und Freikirchen
    nachkommen.
3. Die Freiwilligkeit des Religionsunterrichts muß herausgestellt werden.«[6]

In einer Stellungnahme des Sprechers des Bundesvorstandes des Aktionszentrums Unabhängiger und Sozialistischer Schüler heißt es:

»In einer demokratischen Schule, die sich einzig der Argumentation verpflichtet, nicht aber dem Einfluß von Institutionen wie der Kirche, in einer Schule, die freie Entfaltung und nicht ideologische Ausrichtung garantieren soll, hat Kircheneinfluß und Schulung von Christen ebenso wie eine einseitige Kirchenkunde nichts zu suchen. Kirche kann in der Schule nur Gegenstand kritischer Betrachtung – also Objekt –, nicht aber Subjekt sein.«[7]

6 Zitiert nach H. *Stock*, Religionsunterricht in der kritischen Schule (1968), S. 25.
7 Zitiert nach E. *Witzsche*, aaO. S. 57. Herausgeber dieses Flugblattes sind der SLB und das Aktionszentrum unabhängiger und sozialistischer Schüler (AUSS).

Diese Vorgeschichte müssen wir im Sinn haben, wenn wir vom Religionsunterricht, von der Abmeldung vom Religionsunterricht und von seinem Ersatz durch Ethikunterricht sprechen. Mit zwei Feststellungen ist das Bild abzurunden:
1. Auch wenn die Protestwelle der Jugend abgeebbt ist, die damals signalisierten Probleme stehen nach wie vor zur Debatte. Schlimm wäre es, machte man sich aufgrund äußerlicher Ruhe darüber Illusionen.
2. Der Religionsunterricht ist hinsichtlich seiner Theorie inzwischen genötigt worden, sich gegenüber früheren, einseitig biblisch-kirchlich orientierten Konzepten entscheidend zu verändern. Dieser Prozeß ist vielfältig, und seine Ergebnisse sind entsprechend unterschiedlich, auch hinsichtlich ihrer Qualität.[8]

In der *Praxis* des Religionsunterrichts hat sich dies mit einigen Verzögerungen ebenfalls ausgewirkt – freilich in vielen Brechungen, regional sehr unterschiedlich, oft von Schule zu Schule, ja von Lehrer zu Lehrer anders und mit unterschiedlichem Effekt. Aber generell bleibt festzuhalten: In diesem Wandlungsprozeß, in den erhebliche didaktische Energien investiert werden, erweisen sich die vorhandenen gesetzlichen Bestimmungen und die konfessionelle Trennung des Religionsunterrichts, nimmt man dies alles ernst, nur zu oft als Hemmschuh.

II
»Ethik«-Unterricht als Ersatzunterricht

Nun ist ein neues Unterrichtsfach für solche Schüler eingeführt worden, die sich vom konfessionellen Religionsunterricht abgemeldet haben. »Sittlichkeitsunterricht« wollte man dieses Fach in Bayern zuerst nennen, aber man einigte sich dann auf den Namen »Ethik«-Unterricht, so auch in Rheinland-Pfalz.

Dieser neue Unterricht ist – was leicht übersehen wird – eine Antwort auf eine grundsätzlich gestellte Frage. Die Frage zielt – im Zusammenhang religionspädagogischer Theorie und Praxis ebenso wie im Zusammenhang der einschlägigen gesetzlichen Bestimmungen – auf die Möglichkeit schulgemäßen Religionsunterrichts unter den Bedingungen der gegenwärtigen Situation. Die Antwort in Gestalt des »Ethik«-Unterrichts wurde nun aber nicht durch eine erneute didaktische Reflexion ausgelöst, sondern schlicht durch die zunehmende Zahl vom konfessionellen Religionsunterricht abgemeldeter Schüler. Dadurch fühlte man sich genötigt, etwas zu verwirklichen, was z.B. die Landesverfassungen von Bayern, Rheinland-Pfalz und des Saarlandes seit eh und je vorsahen, worum sich aber bislang niemand gekümmert hatte: Nämlich Unterricht einzuführen

---

8 Darüber gibt die Flut der in den letzten Jahren erschienenen Unterrichtshilfen Aufschluß.

über die »allgemein anerkannten Grundsätze der Sittlichkeit« – so Artikel 137 Absatz II der Bayerischen Verfassung – oder über die »allgemein anerkannten Grundsätze des natürlichen Sittengesetzes« – so die Verfassungen von Rheinland-Pfalz und des Saarlandes.[9]
Worum es inhaltlich geht, zeigen die neuen Bestimmungen. Das rheinland-pfälzische Kultusministerium schreibt in seinen ersten Richtlinien für den »Ethik«-Unterricht, die hier mit Absicht zitiert werden, weil sie den Anfang der künftigen Diskussion bilden, es gehe von der »Grundeinsicht« aus, »daß vom Bildungsauftrag der Schule her, der den Menschen als personale Ganzheit versteht, auch die religiöse Thematik ... nicht ausgeklammert werden kann«. Dies möchte man als Plädoyer für einen allgemeinen Religionsunterricht lesen. Es ist aber der Vorspruch für »Ethik«-Unterricht. In einer Art Präambel heißt es unter der Überschrift »Situation des Individuums und der Gesellschaft unter dem Gesichtspunkt der Sinngebungs- und Wertsetzungsproblematik«: »Die rational und funktional bestimmte Verwissenschaftlichung unseres Lebens nimmt zu ... Die der Ratio entzogenen Erlebnis- und Erfahrungsbereiche bedürfen deshalb besonderer Berücksichtigung, damit der einzelne die Fähigkeit zu einer Deutung und Bewältigung dieser Lebensbereiche und die Fähigkeit zur Selbstbestimmung nicht verliert ...« Trotz Verhaltensunsicherheit wird »ein Minimalbestand von ethischer Verbindlichkeit jedoch anerkannt: Einmal sind es die Grundrechte des Menschen, bei denen es sich im wesentlichen um Gerechtigkeit, Freiheit und Menschenwürde handelt, zum andern sind es Ziele sittlicher Art, die die Humanisierung der Gesellschaft anstreben. Diese Verbindlichkeiten müssen jedoch konkretisiert, die mögliche Konkurrenz von Rechten und Pflichten einsichtig werden«. Auf diesem Hintergrund werden Qualifikationen genannt, die der Schüler im Ethikunterricht erwerben soll, z.B.:

»Offen zu sein für Erfahrungen der komplexen menschlichen Existenz; die verschiedenartigen Erfahrungen zueinander in Beziehung zu setzen und die Sinndeutung verantwortlich vorzunehmen.«
»Sich mit unterschiedlichen Lebensdeutungen und -bewältigungen auseinanderzusetzen und sie zu würdigen.«
»Verantwortung gegenüber verschiedenen Ansprüchen aus staatlichem Recht, gesellschaftlicher Moral, religiösen und sittlichen Bindungen einzuüben und wahrzunehmen.«

Aus diesen und anderen Qualifikationen wird ein Katalog von Lernzielen abgeleitet, aus dem hier nur einige Beispiele genannt seien:

---

9 Am Rande sei vermerkt, daß Hessen und Niedersachsen bereits seit den fünfziger Jahren für vom konfessionellen Religionsunterricht abgemeldete Schüler »religionskundlichen Unterricht« anbieten; der andere Name signalisiert hier mindestens in der Theorie auch einen anderen didaktischen Ansatz, vgl. dazu *W. Cremer,* Schule und Religion; *O. Thimme,* Vom Religionsunterricht zur Religionslehre, beide in: *K. Wegenast* (Hg.), Religionsunterricht wohin? (1971).

»Fragen nach der eigenen Existenz stellen und die Fähigkeit entwickeln, über diese Fragen geordnet nachzudenken.«
»Philosophische und religiöse Lebens- und Weltdeutungen erkennen und sich mit ihnen auseinandersetzen.«
»Die Fähigkeit entwickeln, religiöse Sprache und Denkansätze zu analysieren und in ihrer Besonderheit zu erkennen.«
»Repräsentative ethische Systeme kennen und sich mit ihnen auseinandersetzen.«

In braver curricularer Manier folgen darauf im Sinne einer beispielhaft gemeinten Auswahlliste Themenkreise, mit deren Hilfe und in deren Material die Lernziele erarbeitet werden können, zum Beispiel:

»Verantwortung für den Frieden«
»Hunger in der Welt«
»Autorität und Gehorsam«
»Ehe und Familie«
»Lustgewinn als höchstes Gut?«
»Der Tod – das Scheitern des Menschen?«
»Gewissenskonflikte«
»Die Frage nach Gott«
»Religionskritik und Atheismus«

Der sehr viel differenziertere »Curriculare Lehrplan für das Unterrichtsfach Ethik«, den das Bayerische Staatsministerium für Unterricht und Kultus am 4. Juli 1972 veröffentlicht hat, entspricht in seiner Grundtendenz durchweg den rheinland-pfälzischen Richtlinien. Das Leitziel soll nicht unausgesprochen bleiben: »Die Hinführung des Schülers zu moralischer Mündigkeit durch das Erlernen werteinsichtigen Urteilens und Handelns. In seinen inhaltlichen Zielvorstellungen orientiert sich der Unterricht in Ethik an den sittlichen Grundsätzen, wie sie in der Verfassung des Landes Bayern und im Grundgesetz der Bundesrepublik Deutschland niedergelegt sind. Im übrigen geht er von einer Pluralität der Bekenntnisse und Weltanschauungen aus.«

III
Kritische Rückfragen

Wie ist nun dieser Versuch, eine Alternative zum konfessionellen Religionsunterricht einzuführen, zu beurteilen? Die Frage kann man nur beantworten, wenn man sie auf den anfangs geschilderten Hintergrund bezieht und zugleich in die gegenwärtige religionspädagogische Fachdiskussion einbaut. Das soll der Übersichtlichkeit halber in mehreren Schritten erfolgen.

1. Was für ein *Religions*verständnis, sonderlich im Zusammenhang schulischen Religionsunterrichts, ist eigentlich leitend, wenn man meint,

ausgerechnet *Ethik* dazu alternativ setzen zu können? Religion muß doch in der Schule vorrangig deswegen berücksichtigt werden, weil sie verhaltenssteuernde Funktionen in mannigfachen Situationen, gesellschaftlichen wie individuellen, in Geschichte und Gegenwart wahrnimmt. Bezeichnenderweise ist das auch aus den Richtlinien ablesbar. Sie thematisieren nämlich nicht Ethik unabhängig von Religion, sondern weitgehend ethische Fragestellungen, wie sie unter religiösem Aspekt – im weitesten Sinne des Wortes – in den Blick kommen. Und wenn in der bayerischen Präambel unter dem Stichwort »Leitziel« ausdrücklich auf die »sittlichen Grundsätze, wie sie in der Verfassung des Landes Bayern und im Grundgesetz der Bundesrepublik Deutschland niedergelegt sind« verwiesen wird, dann wird die Groteske komplett: Sind die vielleicht nicht christlich? Aber gerade sie sollen zur Grundorientierung eines Unterrichts herhalten, der sich als Alternative zum christlichen Religionsunterricht versteht!

2. Geht man ins einzelne und analysiert die in den Richtlinien aufgeführten Qualifikationen, Lernziele und Themenkreise, also die Unterrichtsinhalte, dann bestätigt sich der erste Eindruck: Von einer Alternative zum Religionsunterricht kann überhaupt keine Rede sein. Ein Religionsunterricht, in dem die hier genannten Inhalte keine entscheidende Rolle spielen, ist in der religionspädagogischen Theoriebildung überwunden, mag es ihn auch faktisch noch geben. Daß dies die Väter der neuen Regelung nicht bemerkt hätten, kann man nur dann annehmen, wenn man sie für sachlich inkompetent halten will.

3. Wenn diese Beobachtungen also *nicht* zu dem Ergebnis führen, daß hier wirklich eine Alternative vorliegt, dann muß es sich bei der Einführung des neuen Faches wohl um etwas anderes gehandelt haben. Lassen wir die Katze aus dem Sack: Mit dem neuen »Ethik«-Unterricht sollte die Welle der Abmeldungen vom konfessionellen Religionsunterricht unterlaufen werden. Man wird dies nicht gerade ein wohlbegründetes didaktisches Konzept nennen wollen. Die Kirchen hätten es als erste ablehnen müssen.

So scheint denn das Dilemma komplett; es entstand, weil man eine »Alternative« suchte, statt sich auf eine grundlegende didaktische Neubesinnung einzulassen. Die aber hat gerade *nicht* von der Frage auszugehen: Was mache ich mit denen, die am konfessionellen Religionsunterricht nicht teilnehmen wollen? – sondern in dieser Neubesinnung ist *umgekehrt* zu fragen: Wie muß ein Religionsunterricht aussehen, der *allen Schülern gerecht* wird, der der *Aufgabe der Schule entspricht* und der unserer *geistigen, kulturellen, politischen und religiösen Situation gemäß* ist? Diese Fragestellung knüpft an die Krisensituation des Religionsunterrichts an, die wir vorhin beschrieben haben, und nimmt ihre Gründe ernst. In der religionspädagogischen Fachdiskussion sind Klärungen in dieser Richtung erfolgt. Man müßte sie auch in Kultusministerien zur

Kenntnis nehmen, wenn man Richtlinien für ein neues Schulfach kreiert. Dieser neue Religionsunterricht für alle[10] ist folgendermaßen zu umschreiben:
Der Wirklichkeit, auf die die Schule bezogen ist, entspricht ein Religionsunterricht, der sich nicht an konfessioneller Trennung und einliniger kirchlicher Bindung orientiert. Erkennt man das, so bedarf es keines nichtkonfessionellen Alternativunterrichts, weder in der neuen bayerisch-rheinland-pfälzischen Variante noch in der früheren religionskundlichen Form. Konfessionen und Kirchen sind *Gegenstand* des Unterrichts, nicht aber seine Grenze oder sein einziger Bezugspunkt. Schulischer Religionsunterricht muß neben christlichen Elementen der Vielfalt anderer religiöser Phänomene gerecht werden, die in verschiedenartigsten Materialien, in Dichtung oder Philosophie, in gesellschaftlichen Problemen oder in individuellen Lebensorientierungen auffindbar sind. Der Religionsunterricht für alle ist ordentliches Lehrfach für alle, weil die Auseinandersetzung mit religiösen Momenten und Motiven in unserer Realität nachweisbar notwendig ist. Im Medium verschiedenartigster Inhalte – christlicher und nichtchristlicher Überlieferung und gegenwärtiger Problematik – geht es um den komplexen Zusammenhang von Religion und Gesellschaft, geht es darum, Vorstellungen zu klären, Denkprozesse einzufädeln und Lebensverhältnisse kritisch zu befragen, um zu lernen, wie man sie gegebenenfalls verbessern kann.
Sicher oft ohne ausreichende didaktische Reflexion (und daher unprofiliert) nähert sich die Realität des Religionsunterrichts faktisch bereits dieser Auffassung, mindestens partiell – und zwar unter dem Dach der *gegenwärtigen* gesetzlichen Regelungen! Auch in der religionspädagogischen Theorie liegen die Dinge oft dichter beieinander, als die Etiketten glauben machen. Dazu hier nur zwei Hinweise:
1. Was heute unter der Bezeichnung »konfessionell-kooperativer« Unterricht, mehr noch: was im Kursunterricht der Sekundarstufe II geschieht – und es wird auf die Dauer nicht auf sie zu beschränken sein –, das nähert sich zumindest *faktisch* und *tendenziell* dem beschriebenen allgemeinen Religionsunterricht.
2. Unter den Verfechtern konfessionellen Religionsunterrichts sind auch solche, deren stichhaltigen Argumenten in einem allgemeinen Religionsunterricht vollauf Genüge getan werden kann, wenn nur das unproduktive Mißverständnis aus der Diskussion verschwinden könnte, als wolle nichtkonfessioneller Religionsunterricht »Konfessionalität . . . schadlos umgehen«![11] Nein – er will sie, in ihren verschiedenen Ausprä-

---

10 Ausführlich entfaltet und konkretisiert in: *G. Otto / H. J. Dörger / J. Lott,* Neues Handbuch des Religionsunterrichts (1972); zur Weiterführung vgl. in diesem Band Kap. 3.3.
11 *P. C. Bloth,* Konfession im Religionsunterricht?, in: Theologia Viatorum XI (1973), S. 20.

gungen, zum *Gegenstand* des Unterrichts, jedoch nicht zum Organisationsprinzip oder zum inhaltlichen Präjudiz machen! Wenn also P. C. *Bloth* fordert, man müsse »die soziable Qualität von Konfessionalität« kennenlernen und Konfession müsse »verstanden werden als aktuales und aktuelles bekennendes Zeugnis«, kurzum Religionsunterricht »lehr(e) Konfession begreifen«[12] – so kann man nur sagen: Ebendies wäre in einem qualifizierten allgemeinen Religionsunterricht, neben anderen Aufgaben, die er hat, zweifelsfrei auch zu leisten.

Schließlich: Allgemeiner Religionsunterricht ist nicht antikirchlich und nimmt den Kirchen nichts. Sie haben ihre eigene Aufgabe, auch ihre *eigene Unterrichtsaufgabe*, die *eigener* didaktischer Reflexion und Konzeption bedarf. Davon ist hier nicht zu reden, aber nachdrücklich ist wenigstens festzustellen, daß das Gewicht der *pädagogischen* Aufgaben der *Kirchen* in dem Maße wächst, in dem der *schulische* Religionsunterricht keine *kirchlichen* Funktionen mehr wahrnehmen kann.[13]

3.3
»Religion« contra »Ethik«?
Zwischenbilanz und Perspektiven
(Gemeinsam mit *Ursula Baltz*)

I
Zur Situation und zur Fragestellung[1]

Seit den siebziger Jahren ist in den Bundesländern das Fach »Ethik« (unter wechselnden Namen) als Alternative zum konfessionellen Religionsunterricht oder als dessen Ersatzfach eingerichtet worden.[2] Die Umstände waren dubios. Wie oben gesagt, war die zunehmende Zahl der Abmeldungen der Auslöser dieser didaktisch wenig oder gar nicht reflektierten Initiativen. Nachdem sich die Situation beruhigt hat, nachdem Richtlinien zumindest im Entwurf vorliegen und nachdem erste Erfahrungen ausge-

---

12 Ebd. S. 20f.
13 Vgl. dazu o. Kap. 1.2.
1   Als Hintergrund vgl. durchgängig die voranstehenden Kapitel. Außerdem: EvTheol 34 (1974), Heft 4: Umstrittener Religionsunterricht. – *W. G. Esser* (Hg.), Religionsunterricht und Konfessionalität. Zum Religionsunterricht morgen VI (1975). – *D. Ehlers*, Entkonfessionalisierung des Religionsunterrichts (1975). – *H. J. Dörger*, Religionsunterricht in der Schule. Analyse – Konzepte (1976), S. 63ff. – *J. Lott*, »Ethik« als Ersatz für konfessionellen Religionsunterricht – Eine religions- und schulpolitische Kuriosität, in: *ders.* (Hg.), Religionsunterricht. Thesen und Kommentare zu einem umstrittenen Schulfach (1983), S. 74ff.
2   Zur Lage in den einzelnen Bundesländern vgl. unten Abschnitt I.2. sowie *H. Schmidt*, Didaktik des Ethikunterrichts I. Grundlagen (1983). – *H. Fox*, Ethik- und Religionsunterricht in pluraler Gesellschaft, in: Orientierung 43 (1979), S. 32ff. – Außerdem: *W. G. Esser* (Hg.), aaO. – *H. Fox*, Ethik als Alternative zum Religionsunterricht (1977). – *D. Ehlers*, aaO.

wertet werden können, dürfte der Zeitpunkt gekommen sein, die Problematik grundsätzlich zu diskutieren und die Frage zu stellen: Ist die Alternative zwischen »Religion« und »Ethik« zwingend, oder läßt sie sich begründet überwinden?

1. »Ethik« in der Perspektive von Lehrern und Schülern

Sieht man auf die Motive der Schüler, die sich vom konfessionellen Religionsunterricht abmelden und damit zum »Ethik«-Unterricht anmelden, so kann man feststellen: Die überwiegende Mehrzahl trifft diese Entscheidung nicht aus Einstellungsgründen (oder gar aus Gewissensgründen). Schüler melden sich in der Mehrzahl nicht ab, weil sie zu »Religion« oder »Kirche« – was immer darunter im Einzelfall verstanden sein mag – generell nein sagen wollen, sondern sie entscheiden sich für den »Ethik«-Unterricht, weil sie ein *anderes didaktisches Angebot* suchen, als es ihnen ihr jeweiliger Religionsunterricht bietet. Das liegt meist an der Qualität und am Niveau des Religionsunterrichts, zum geringeren Teil an seiner Tendenz.[3] Wenn aber der »Ethik«-Unterricht vom Schüler kaum als Einstellungsalternative zur *Religion,* sondern eher als Sachalternative zum *Religionsunterricht* gesehen wird[4], stellt sich die Frage nach seiner didaktischen Legitimation um so dringlicher, einschließlich der Frage nach seinem Verhältnis zum Religionsunterricht. Das ist eine Frage, die von den Verantwortlichen für die Einführung des Faches bisher fast peinlich überspielt bzw. vernachlässigt worden ist.

Allerdings ist das Bild komplizierter, als die Haltung der Mehrheit der am »Ethik«-Unterricht teilnehmenden *Schüler* erkennen läßt. Seitens der *Lehrer,* insbesondere auch der *Pfarrer,* die Religionsunterricht erteilen, ist das Bild diffuser. Da gibt es neben der Haltung, die der Einstellung der Schüler vergleichbar ist, auch Stimmen, die zum Schüler sagen: »Wenn du dich vom Religionsunterricht abmeldest und zum ›Ethik‹-Unterricht gehst, verleugnest du deinen Glauben!« Entsprechend werden von dieser Seite Lehrer, die sowohl Religions- wie »Ethik«-Unterricht erteilen, als halbe Abtrünnige zumindest mit Vorbehalt betrachtet. Dieser Vorbehalt ist auch in einschlägigen kirchlichen Gremien zu beobachten (freilich nicht in offiziellen Äußerungen). Dazu paßt hervorragend die Umkehrung von der anderen Seite, wenn Verfechter des »Ethik«-Unterrichts fordern: Wer »Ethik« gibt, darf nicht zugleich Religionsunterricht erteilen.[5]

---

3 Vgl. noch immer *N. Havers,* Der Religionsunterricht – Analyse eines unbeliebten Fachs (1972).
4 Anders *H. Fox* in den Ergebnissen seiner empirischen Untersuchung zum Ethikunterricht in Rheinland-Pfalz, aaO. S. 17ff., bes. S. 90ff. Dabei ist zu berücksichtigen, daß *Fox'* Erhebung inzwischen über zehn Jahre alt ist.
5 Vgl. z.B. *W. Schröder,* Didaktische und methodische Probleme des Alternativunterrichts auf der Sekundarstufe I, in: informationen zum religions-unterricht 10 (1978), S. 34ff., zum Problem S. 35. – *F. Ley,* Ethikunterricht/Alternativunterricht, in: *J. Glötzner* (Hg.), Kritische Stichwörter: Religionsunterricht (1981), S. 105ff., zum Problem S. 112.

Keine der skizzierten Haltungen und Verhaltensweisen kann eine zureichende didaktische Begründung des Faches »Ethik« ersetzen, sondern beide Haltungen verweisen in ihrer Gegensätzlichkeit auf ungeklärte Fragen – und zwar nicht nur hinsichtlich des Faches »Ethik«, sondern spiegelbildlich ebenso hinsichtlich des Faches Religion.
Bei den notwendig werdenden Überlegungen sollten Emotionen wenigstens an einer Stelle aus dem Spiel bleiben: gegenüber dem Schüler, der sich gegen das Fach Religion und für das Fach »Ethik« entscheidet. Die Abwahl eines Faches und die Entscheidung für eine Alternative ist ein völlig normaler Vorgang, wenn die Alternative gegeben ist. Gäbe es in der Schule vergleichbare Alternativen und Wahlmöglichkeiten auch in anderen Fächern, würden sich mit Sicherheit entsprechende Tendenzen zeigen wie bei der Entscheidung zwischen Religion und »Ethik«.

2. Zum gegenwärtigen Stand der rechtlichen Regelungen

H. Schmidt ist im Blick auf die Entwicklung in den letzten Jahren zuzustimmen: »In den Ländern der Bundesrepublik Deutschland gibt es kaum eine bildungspolitische Maßnahme, die so einhellig durchgeführt wird wie die Einrichtung eines neuen Unterrichtsfachs für die Schüler, die nicht am konfessionellen Religionsunterricht teilnehmen.«[6]
Die Situation in den einzelnen Bundesländern sieht folgendermaßen aus:[7]

Bundesland	Bezeichnung des Faches	Rechtliche Grundlage
Baden-Württemberg	Ethik	Schulgesetz vom 23. 3. 1976 (§ 100)
Bayern	Ethik	Verfassung des Freistaates Bayern vom 2. 12. 1946 (Art. 137 Abs. 2)
Berlin	–	–
Bremen	–	–
Hamburg	Politik II (Klasse 9 + 10) Philosophie (Klasse 11–13)	Schulgesetz i.d.F. vom 17. 10. 1977 (§ 4)
Hessen	Ethikunterricht	Schulverwaltungsgesetz i.d.F. vom 4. 4. 1978 (§ 4)
Niedersachsen	Religionskunde Werte und Normen	Schulgesetz i.d.F. vom 18. 4. 1978 (§ 104)
Nordrhein-Westfalen	–	–
Rheinland-Pfalz	Ethikunterricht	Verfassung für Rheinland-Pfalz vom 18. 5. 1947 (Art. 35)
Saarland	Allgemeine Ethik	Schulordnungsgesetz i.d.F. vom 21. 6. 1978 (§ 15)
Schleswig-Holstein	Philosophische Propädeutik (Klasse 11–13)	Erlaß vom 11. 1. 1971

3. Die Ambivalenz der Namen

Die unklaren und so uneindeutigen wie uneinheitlichen Bezeichnungen des Faches verweisen auf den ungeklärten didaktischen Status, zumal wenn man hinter neuere Gesetzes- und Verordnungstexte gegebenenfalls auf die früheren Formulierungen in den Landesverfassungen zurückgreift (Rheinland-Pfalz und Bayern); das soll hier nicht im einzelnen ausgebreitet werden (vgl. z.T. oben Kap. 3.2). Der Spannungsbogen reicht von verschiedenen Variationen der Bezeichnung »Ethik« über »Philosophie«, »Politik« bis zu »Religionskunde«. Läßt man einmal beiseite, wie diese Bezeichnungen in den jeweiligen Richtlinien und Lehrplänen konkret-inhaltlich eingelöst werden, so kann man aus dem Variantenreichtum der Namen eine grundsätzliche Feststellung ableiten: Der *inhaltlichen Komplexität* des Faches als Alternative zum konfessionellen Religionsunterricht (oder dessen Ersatz) wird keine der Varianten *für sich* gerecht. Dies führt notwendig zu einer Vielfalt von Bestimmungen – es sei denn, man bediente sich einer Fachbezeichnung, die ebenso komplex wäre wie die inhaltliche Vielfalt des Faches. Solche Bezeichnung kann man nicht willkürlich setzen, sondern im Zusammenhang ihrer inhaltlichen Eignung wird man auch fragen müssen, was sich aus der Geschichte des Faches wie auch aus seiner Einbindung in die Schule nahelegt.

Fragt man so und begreift die bisher vorliegenden Lehrpläne und Richtlinien (also weniger die Gesetzestexte!) als materiale Ebene, auf die sich die Fachbezeichnung zusammenfassend beziehen soll, so liegt u.E. eine einzige Umschreibung nahe, deren Kurzform ebenso selbstverständlich ist: *Religionsunterricht für alle* ist die Umschreibung, *Religion* ist die Kurzform. Natürlich trifft diese Bezeichnung nicht in logisch-systematischer Strenge auf alle Inhalte des Faches zu – wie sie dies auch beim konfessionellen Religionsunterricht, genannt *Religion*, noch nie getan hat. Immer ist für dieses Schulfach in der Neuzeit *faktisch* ein sehr weites Religionsverständnis vorausgesetzt worden, auch da, wo man sich bis in die Kontroversen der Gegenwart explizit für einen engen und gegen einen weiten Religionsbegriff ausgesprochen hat.[8] Handelt es sich aber bei der Einrichtung des »Ethik« o.ä. genannten Faches um eine *partielle inhaltliche Alternative* bei weitgehend *gleichartigen Grundintentionen* beider Fächer, so kann man durchaus sinnvoll von *allgemeinem Religionsunterricht* reden (im Unterschied zu konfessionellem evangelischen oder katholischen Religionsunterricht).

---

6 *H. Schmidt*, aaO. S. 11. – Wichtige Gerichtsurteile zur Sache bei *E. Groß* (Hg.), Die wichtigsten Gerichtsurteile zum Problem Religion in der Schule (1975).
7 Tabelle in Anlehnung an *H. Fox*, Ethik- und Religionsunterricht, aaO. S. 33. – Vgl. auch *ders.*, Ethik als Alternative, bes. S. 9–14.
8 Vgl. z.B. *K. E. Nipkows* differenzierte Ausführungen: Grundfragen der Religionspädagogik, Bd. 1 (1975), S. 129ff.

Als Kronzeugin für dieses Verständnis möchten wir *H.-R. Laurien*[9] in Anspruch nehmen[10] – zwar im Gegensatz zu ihrer eigenen Terminologie, aber orientiert an ihren inhaltlichen Aussagen. Die Umschreibung von »Inhalte(n) und Ziele(n) des Ethikunterrichts« leitet sie mit dem bezeichnenden Satz ein: »Dieser Unterricht darf nicht nur auf die ethische Thematik beschränkt sein.«[11] In Aufnahme der These von *H. Roth*, daß kein Mensch »ohne Weltdeutung ... geistig leben kann«[12], heißt es wenig später: »Ethikunterricht muß Lernziele und Inhalte umfassen, ›die Grundfragen menschlicher Existenz einschließlich der Religion erhellen‹ und solche, ›in denen die Angewiesenheit des Menschen und der Gesellschaft auf Sittlichkeit deutlich wird‹.«[13] Ungeachtet der unterschiedlichen Akzente in den gesetzlichen Grundlagen (z.B. zwischen Bayern und Rheinland-Pfalz) werden diese Intentionen durch die inzwischen erschienenen Lehrpläne und Richtlinien inhaltlich gedeckt. Daher also: *Religionsunterricht.*[14]

4. Das Konzept: Religionsunterricht für alle

Angesichts der Situation, wie wir sie in den skizzenhaften Hinweisen angedeutet haben, soll unser Interesse am »Ethik«-Unterricht unmißverständlich ausgesprochen werden:
Die mannigfachen Ungereimtheiten, die die Entstehungsgeschichte dieses Faches prägen, heben die Chance nicht auf, daß in einem didaktisch zureichend reflektierten »Ethik«-Unterricht der *»Religionsunterricht für alle«* als die didaktisch angemessene Form von »Religion« in der Schule der Zukunft realisiert werden kann.

9 *H. R. Laurien*, Ethikunterricht. Ein Beitrag zur Frage nach dem Sinn der Schule, in: Stimmen der Zeit 191 (1973), S. 240ff.
10 Trotz Unterschieden in Einzelheiten der Argumentation ist es instruktiv, hier auch *Holger Börners* Position einzuzeichnen; denn seine Füllung des Ethikunterrichts weist in dieselbe Richtung: »Inhalt des Ethik-Unterrichts sind Wertvorstellungen und ethische Grundsätze ...: Ehrfurcht, Nächstenliebe, Achtung, Duldsamkeit, Gerechtigkeit, Wahrhaftigkeit, Toleranz und Solidarität.« Und später heißt es bezeichnenderweise: »Der Ethik-Unterricht muß deutlich machen, wie seine Inhalte in den jeweiligen Traditionsströmen unterschiedliche Ausformungen erhalten haben. Ich denke hier neben der christlichen und humanistischen Tradition auch an die Tradition der Arbeiterbewegung.« Vgl. *H. Börner*, Ethik in der Schule. Ersatz für den Religionsunterricht, in: Ev. Kommentare 14 (1981), S. 441f., Zitate S. 441 und S. 442.
11 *H. R. Laurien*, aaO. S. 245.
12 Ebd. (*H. Roth*, Pädagogische Anthropologie, Bd. 1 [1966], S. 141).
13 *H. R. Laurien*, aaO. S. 246 (das Zitat im Zitat stammt aus einem nicht veröffentlichten Memorandum von *W. Türk*, das dem rheinland-pfälzischen Kultusministerium zur Vorbereitung für den Ethikunterricht vorlag).
14 Eine erste Analyse aller inzwischen vorliegenden Richtlinien und Lehrpläne für den »Ethik«-Unterricht ist in absehbarer Zeit fällig. Sie wäre für die Weiterarbeit hilfreich. Ansätze dazu bei *H. Schmidt*, aaO. S. 72ff. Die unterschiedlichen Akzentuierungen in den gesetzlichen Grundlagen der Bundesländer, die ebenfalls *H. Schmidt*, aaO. S. 15ff. analysiert hat, haben wir hier unberücksichtigt gelassen, weil es uns mehr um »Trends« als um Details geht.

Um den Zusammenhang mit früheren religionspädagogischen Reflexionen herzustellen, mag es hier genügen, eine Umschreibung des Verständnisses schulischen Religionsunterrichts in die Erinnerung zu rufen, die für das »*Neue Handbuch des Religionsunterrichts*« (1972) bestimmend war:

»Religionsunterricht hat die Aufgabe, innerhalb der Möglichkeiten der Gesamtschule Heranwachsende unter konstitutiver Beachtung ihrer eigenen Lebenssituationen in die Reflexion des komplexen Zusammenhangs von Religion und Gesellschaft einzuführen. Verschiedenartigste Inhalte, von Fall zu Fall nichtchristliche ebenso wie christliche, Überlieferung ebenso wie Gegenwartsproblematik, fungieren dabei als Vehikel, mit deren Hilfe Vorstellungen geklärt, Denkprozesse initiiert und Lebensverhältnisse sowohl kritisch hinterfragt wie gegebenenfalls verändert werden können.«[15]
»Dieser religionskritische Ansatz führt zugleich dazu, inhaltlich weit über die bisher genannten Momente von Religion hinauszugehen. Es geht nämlich gar nicht nur um jene Gebilde, die wir phänomenologisch als Religionen bezeichnen, sondern in den Kreis kritischer Betrachtung müssen gegebenenfalls auch alle jene Deuteschemata, Weltauffassungen, Philosophien, Ideologien und die durch sie bedingten Verhaltensstrukturen einbezogen werden, die sich zwar selbst gar nicht als Religionen verstehen, aber ihrerseits die Funktionen von ›Religionen‹ in konkreten Situationen, Urteilen oder Entscheidungen übernehmen. Diese Ausweitung ist aus didaktischen Gründen zwingend notwendig, wenn Religionskritik angesichts heutiger Verhältnisse weitergedacht wird. Andernfalls würde auch ein Religionsunterricht, der ausschließlich Religion thematisiert, erneut in eine unvertretbare Verengung zurückfallen, die sich nicht mehr prinzipiell von bisherigen Engführungen unterscheiden ließe.
Der traditionell christliche Religionsunterricht wird auf diesem Wege zu einem ›allgemeinen Religionsunterricht‹. Dies entspricht der geistesgeschichtlichen und gesellschaftlichen Lage, auf die Schule und damit Religionsunterricht heute bezogen sein muß. Es entspricht im übrigen auch einer realistischen Einschätzung der Stellung der Kirchen in der Gesellschaft. Religionsunterricht ›wird nur dann glaubwürdig und entspricht nur dann den pädagogischen Grundgedanken der zukünftigen Schule, wenn er erstens darauf verzichtet, das Kind unpädagogisch zu prägen, und wenn er zweitens mit zunehmendem Alter der Schüler jene spannungsreiche Vielheit von Auffassungen auch in sich selbst thematisiert. Hierbei darf die Meinung des Nichtchristen und Andersdenkenden nicht als Folie für den eigenen Wahrheitsanspruch dienen‹.«[16]

Die damaligen Thesen sind in der Theoriediskussion vielfach kritisiert worden. Dies sollte nicht von der Einsicht ablenken, daß der faktisch gehaltene Religionsunterricht in den Schulen weithin unsere Vorstellungen realisiert hat. Das ist nicht unser Verdienst. Es geschah *natürlich* sehr oft ohne theoretisches Bewußtsein, aber es geschah. Wenn wir heute die falsche Alternative zwischen »Ethik« und »Religion« zu überwinden versuchen, und zwar didaktisch reflektiert, dann nehmen wir damit nur unser früheres Interesse an einem »allgemeinen Religionsunterricht« wieder auf.

15 G. Otto / H. J. Dörger / J. Lott, Neues Handbuch des Religionsunterrichts (1972), S. 21.
16 Ebd. S. 32f. Das Zitat im Zitat: *K. E. Nipkow,* Schule und Religionsunterricht im Wandel (1971), S. 307.

II
»Ethik«-Unterricht konkret. Zwei Beispiele

Um unsere Forderung eines »Religionsunterrichts für alle« im Zusammenhang mit der Diskussion des »Ethik«-Unterrichts nicht auf der Ebene abstrakter Argumentationen weiterzuverhandeln, stellen wir die Grobplanung zweier Unterrichtseinheiten dar. Deren Themen und Intentionen sollen das Material sein, in dem die grundsätzliche Diskussion anschließend noch einen Schritt weitergeführt wird.

Zu den Unterrichtseinheiten ist vorweg zu bemerken:
– Die beiden Unterrichtseinheiten sind im ersten und zweiten Halbjahr des Schuljahres 1983/84 in einer 10. Klasse eines Mainzer Gymnasiums unterrichtet worden.
– In der Grobplanung mußte aus Raumgründen auf den Abdruck aller verwendeten Texte verzichtet werden. Wer also einen konkreten Eindruck gewinnen will, sollte die Texte nachschlagen. Sie sind sämtlich bibliographisch ausgewiesen.
– Ebenso mußte in der tabellarischen Form und ihren Grenzen auf alle methodischen Hinweise verzichtet werden. Dies schien vertretbar, weil sich keine anderen methodischen Probleme stellen als in vergleichbaren Fächern (z.B. Deutsch oder Geschichte).
– Die Ziffern am linken Rand bezeichnen nicht Stunden, sondern Arbeitsschritte.

Beispiel 1
»Religion« in Alltagssituationen / Klasse 10

	Themen/Intentionen	Medien/Materialien	Didaktische Anmerkungen
1.	Warum ich an »Ethik« statt Religionsunterricht teilnehme ...	Gespräch	Verständigung über Schüler und Lehrerinteressen. Verständigung über Schwerpunkte der Grobplanung.
2.	*Was heißt »Religion«?* → Erarbeitung einiger Elemente eines Verständnisses von Religion, das kirchliche Ausprägungen überschreitet	H. *Halbfas*, Fundamentalkatechetik (1969²), S. 25–27 D. *Sölle*, Die Hinreise (1975), S. 37 und S. 67	Anhand von Textinterpretationen soll das eigene Verständnis geklärt werden. Von *Halbfas* aus wird über *Tillichs* Religionsverständnis informiert.
3.	*»Religion« in Überlieferungen* → Die Prägung gegenwärtiger säkularer Situationen durch religiöse Überlieferung soll erkannt werden (Vorbereitung für 5.)	J. *Groß*, Deutschland – ein theologisches Land (Auszug), in: *ders.*, Unsere letzten Jahre (1980), S. 79ff. H. *Schmidt*, Rede vom 20.10.1977, Auszug in: G. *Otto*, Wie entsteht eine Predigt? (1982), S. 21f.	Die aktuellen Texte sollen unausgesprochen das Mißverständnis korrigieren, Religion werde nur in »alten« Schriften tradiert.
4.	*Zwischenbilanz* → Präzisierung engerer und weiterer Religionsbegriffe	alle bisherigen Texte	Im Zusammenhang des Religionsbegriffs wird elementares Verständnis von Religionskritik als genereller Aufgabe eingeführt.

	Themen/Intentionen	Medien/Materialien	Didaktische Anmerkungen
5.	*Religion in konkreten Situationen* → An Beispielen aus Gegenwart und jüngster Vergangenheit soll anschaubar werden, wie »Religion« in Handlungszusammenhängen vorkommt und welche Funktion sie haben kann	1. Zwei Christen im Kampf gegen den Hunger: *Dom Helder Cámara* und *Camilo Torres*, in: Die Christen und der Hunger. Arbeitshefte für den Religionsunterricht (1970), S. 16–18 2. Film: Das stumme Licht, dazu: Gespräch mit dem Bomberpiloten von Hiroshima, in: *V. Hermann* (Hg.), Als die erste Atombombe fiel. Kinder aus Hiroshima berichten (1982), S. 222ff. 3. Texte von *R. Höß, A. Eichmann, Th. Heuß, A. Mitscherlich* in: *G. Otto* u.a., Neues Handbuch des Religionsunterrichts (1972), S. 138 und S. 146 4. *V. Senger*, Kaiserhofstr. 12 (1978), S. 138ff. (Auszug) 5. *W. Biermann*, Großes Gebet der alten Kommunistin Oma Meume in Hamburg (Schallplatte)	zum Zusammenhang von Religion und Politik zur Gewissensproblematik zum Zusammenhang von Religion und Gehorsam Religion im biographischen Zusammenhang Religiöse Sprache als Sprache der Hoffnung, zugleich Vorbereitung für 6.

	Themen/Intentionen	Medien/Materialien	Didaktische Anmerkungen
6.	*Zum Umgang mit religiöser Sprache* → Einführung in Herkunft und Funktion der Vorstellung von der Jungfrauengeburt innerhalb des Verstehensprozesses → Einblick in den Überlieferungsprozeß der Tradition vom leeren Grab bei den vier Evangelisten und Einführung des Begriffs Legende	1. D. Sölle, Phantasie und Gehorsam (1968), S. 7f. 2. Beispiel: »Jungfrauengeburt« (Mt 1,18ff. par) 3. Beispiel: »Leeres Grab« (Mk 16,1-8 par) 4. P. Bichsel, Eine Geschichte zum Wahrheitsgehalt von Geschichten, in: *ders.,* Der Leser. Das Erzählen (1982), S. 13f.	Im Unterschied zur Sprache des Berichts bedarf die »Bilder«-Sprache der Religion besonderer Bearbeitung, um in ihrer Intention verstanden zu werden.
7.	*Religion in der Kunst* → Einblick in diverse Manifestationen von Religion im Zusammenhang von Kunst im weitesten Sinn	1. Beispiele aus der Malerei 2. Beispiele aus der Baukunst 3. Beispiele aus der Musik 4. Religion in der Karikatur 5. Beispiele aus (moderner) Dichtung	Die Beispiele verfolgen weder systematische noch historische Interessen. Die Beispiele werden durch Schülergruppen ausgewählt und vorgestellt.
8.	*Weihnachten – was soll das?* → Weihnachten ist Teil der Alltagswelt der Schüler. Daraus resultiert die Nötigung zur Aufarbeitung und zur Frage nach dem Ursprungsverständnis	1. Erfahrungsaustausch: Wie wir Weihnachten feiern. . . . 2. Information über Ursprünge 3. Lk 2 als Beispiel für eine Quelle und ihre Wirkungen in Übersetzungen und Erzählfassungen: *Urtext / Luther / W. Jens / P. Handke / G. Kunert*	Säkularisierte/neutralisierte Religion, an der jeder teilhat, wird am Beispiel Weihnachten bearbeitet (dieses Beispiel legt sich nahe, weil der Abschluß der U-Einheit um Weihnachten liegt).

Beispiel 2
Grenzsituationen – an den Rändern des Lebens / Klasse 10

Themen/Intentionen	Medien/Materialien	Didaktische Anmerkungen
0. Verständigung über das Thema und seine Konkretisierung	Gespräch	Aus diesem Einstieg ergibt sich die Planung. Jeder der fünf Abschnitte wird durch eine Schülergruppe vorbereitet (Interviews von Personen und Institutionen, Studium von Materialien und Literatur) und durch einen Bericht der Gruppe eingeleitet.
1. *Krankheit und Sterben* → Konfrontation mit Situationen, die überwiegend verdrängt werden	- Praxisbericht: Krankenhaus - M. Wander, Leben wär' eine prima Alternative (SL 298/1980), Auszüge H. J. Schultz (Hg.), Letzte Tage. Sterbegeschichten aus zwei Jahrtausenden (1983), darin bes. der Bericht über *Lily Pincus* F. Zorn, Mars (Fischer-TB 2202/1979), Auszüge	In diesem Abschnitt erfolgt die Materialdarbietung vorrangig durch die Lehrkraft, damit die Schüler Vorbereitungszeit für die nächsten Abschnitte gewinnen.

	Themen/Intentionen	Medien/Materialien	Didaktische Anmerkungen
2.	*Am Rande der Gesellschaft* → Vertrautmachen mit Lebenssituationen, die Schüler überwiegend fremd sind	– Nichtseßhafte: Praxisberichte aus einem Obdachlosenheim – Politische Gefangene: Bericht über ai Analyse eines Fallberichts – Arbeitslose: Praxisbericht aus einem Arbeitsamt Analyse eines Fallberichts – Alte: Praxisbericht aus einem Altersheim *B. Brecht*, Die unwürdige Greisin	Der Unterrichtsverlauf ist durch die Verbindung konkreter Praxisberichte (aufgrund von Recherchen verschiedener Schülergruppen) mit der Analyse je eines »Falles« bestimmt, um so die emotionale Betroffenheit der Schüler und notwendige Reflexionen aufeinander zu beziehen.
3.	*Tod und Sterben in Konfliktsituationen* → Tod wird nicht nur als Folge von Krankheit erfahren, sondern (biographisch und/oder politisch bedingt) als gewaltsames Ende unlösbarer Konflikte	– »Euthanasie«: ZEIT-Artikel »Im Zweifel für die Eltern« (Nr. 2 / 6. 1. 84) – Selbstmord: Auszüge aus: *M. u. M. Uddberg*, Ich liebe euch, Erinnerungen an Mari (1982); *I. Meidinger-Geise* (Hg.), Komm, süßer Tod. Thema Freitod: Antworten zeitgenössischer Autoren (1982); *G. Dietz*, Todeszeichen. Freitod in Selbstzeugnissen (SL 329/1981) – Tod im Widerstand 1933–1945: Auszüge aus: *P. Malvezzi* (Hg.), Letzte Briefe zum Tode Verurteilter (dtv-dokumente 34/1962); *H. Gollwitzer* (Hg.), Du hast mich heimgesucht bei Nacht. Abschiedsbriefe und Aufzeichnungen des Widerstands 1933–1945 (Siebenstern-TB 9/1954)	Die Todesproblematik, bes. im Zusammenhang von Konfliktsituationen, führt notwendig zur Frage nach dem Lebensverständnis und nach grundlegenden ethischen Entscheidungen. Dies sollte an möglichst unterschiedlichen, sowohl individuellen wie gesellschaftlichen, Konfliktsituationen erfahrbar werden.

	Themen/Intentionen	Medien/Materialien	Didaktische Anmerkungen		
4.	*Einsamkeiten und Verluste* → »Grenzsituationen«, »Ränder des Lebens« werden in dramatischen Situationen (wie in 1. bis 3.) erfahrbar – aber nicht nur dort. Wie gehen Menschen damit um? Und was kann hier »Hoffnung« heißen?	H. J. Schultz (Hg.), Einsamkeit (1980), bes. S. 230ff, Auszüge I. Drewitz (Hg.), Hoffnungsgeschichten (1979) M. Lohner, Plötzlich allein. Frauen nach dem Tod des Partners (1982)	Im Unterschied zu den anderen Abschnitten bestimmen hier durchweg literarisch aufgearbeitete Texte den Unterricht. Damit soll (auch) angebahnt werden, daß die Schüler ihre eigene Lebenssituation thematisieren können.		
5.	*Brüche im Lebenslauf* → »Brüche« kennzeichnen die Lebensläufe jener Personen, um die es in allen Situationen der Unterrichtseinheit ging. Wie geht man damit um?	alle bisherigen Texte	Dieser Abschnitt setzt Abschnitt 4 fort und ist zugleich rückblickende Zusammenfassung der Problematik im Medium der Frage nach der Biographie von Menschen in Konflikten, auch im Medium der Reflexion der eigenen Biographie.		
	– *Test* –				

III
Didaktische Perspektiven

1. Zu Inhalt und Struktur der beiden Unterrichtseinheiten

Die beiden Unterrichtseinheiten stellen zusammengenommen den groben Aufriß des Arbeitsprogramms eines Schuljahrs dar. Also darf man von ihnen erwarten, daß sie im Ausschnitt die Schwerpunkte und Frageebenen des Faches »Ethik« einigermaßen angemessen repräsentieren. Diese Erwartung bestätigt sich, wenn man die inhaltlichen Schwerpunkte listenartig zusammenstellt:
– Auseinandersetzung mit religiösen Prägungen der Alltagswelt
– Wirkungen von Religion/Religionskritik
– Religiöse Sprache und ihre Interpretation
– Kunst und Religion
– Todesproblematik
– Ethische Probleme im Umgang mit gesellschaftlichen Randgruppen
– Verlusterfahrungen und Sinnfrage

H.-R. Lauriens Forderung an den »Ethik«-Unterricht (s.o.) ist hier eingelöst.
Daß die Auseinandersetzung mit christlich geprägter Religiosität phasenweise bestimmend ist, ist thematisch bedingt; es sollte zu keinen falschen Schlüssen führen.[17] Daß in anderen thematischen Zusammenhängen andere religiöse Elemente, die unsere Welt in Geschichte und Gegenwart mitbestimmt haben, zu ihrem Recht kommen, ist selbstverständlich. Aber auch der »Ethik«-Unterricht kann nicht davon absehen, daß christlich-religiöse Prägungen zu der Welt gehören, in der der Schüler lebt und die er verstehend durchdringen lernen soll.[18]

2. »Ethik«-Unterricht als Religionsunterricht im Rahmen der gegenwärtigen religionspädagogischen Diskussion

Subsumiert man die Fülle vorliegender Unterrichtshilfen für den Religionsunterricht der Sekundarstufe I und II, so kommt man an dem Eindruck kaum vorbei: Inhaltlich entsprechen sie in Themenwahl und Gestaltung viel eher einem »Ethik«-Unterricht unseres Verständnisses als einem traditionellen konfessionellen Religionsunterricht. Das gilt ebenso in erheblichem Maße für weite Teile der Religionsbücher der Grundschule. Unterrichtshilfen und Schulbücher pflegen in der Regel weitaus deutli-

---

17 Was dagegen *A. Krims* und *G. Pieper,* Sinn und Unsinn des Religionsunterrichts (1974) ausbreiten, mag gut gemeint sein, ist aber didaktisch so wenig fundiert, daß es die Diskussion eher belastet als fördert.
18 Vgl. dazu auch diverse Urteile der Verwaltungsgerichte, z.B. abgedruckt bei *E. Groß,* aaO. S. 48ff. (Verwaltungsgericht Neustadt a.d.W. 1971); S. 59ff. (Oberverwaltungsgericht Koblenz 1971); S. 72ff. (Bundesverwaltungsgericht Berlin 1973).

cher zu signalisieren, wie Unterricht real aussieht, als das auf der Ebene der Theorie-Debatte erkennbar wird.
Analysiert man dazu Tendenzen der gegenwärtigen religionspädagogischen Diskussion, kommt man zu Beobachtungen, die komplexer sind, als dies Unterrichtshilfen und Lehrbücher erkennen lassen; doch auch diese Beobachtungen führen nicht zu einem einfachen Gegensatz von traditionellem, konfessionellem Religionsunterricht und »Ethik«-Unterricht. Wir wählen dafür drei beispielhafte Perspektiven aus:
– Der katholische Religionspädagoge *Erich Feifel* faßt die Grundorientierung im ersten Band des »Handbuchs der Religionspädagogik« unter der Formel »Unbegriffene Religion als Aufgabe der Religionspädagogik« zusammen und formuliert:

> »Wir stimmen deshalb der sich jüngst anbahnenden Überzeugung zu, die Religionspädagogik könne ihre zur Lösung anstehenden Probleme am ehesten klären, wenn sie *Religion als operationalen Begriff* versteht, d.h. als Sammelbezeichnung für alle angesprochenen, in ihrer geschichtlich-gesellschaftlichen Auswirkung beschreibbaren Fragehaltungen und Erfahrungsweisen. Mit dem Bemühen, jeweils erst den Bezugsrahmen operational abzustecken, in dem der Begriff Religion gebraucht wird, bleibt die Religionspädagogik offen für ideologiefreie und ideologiekritische Lernansätze zur Bewältigung der unbegriffenen Religion in Theorie und Praxis.«[19]

Konkretisiert man, oder mit *Feifels* Worten: operationalisiert man *Feifels* Religionsverständnis, so gerät man unweigerlich in Erfahrungs- und Lernbereiche, wie wir sie in den beiden Grobplanungen der Unterrichtseinheiten dargestellt haben, d.h. *Feifels* Verständnis führt genau in den Zwischenbereich von »Religion« und »Ethik«.
– Der evangelische Religionspädagoge *Karl Ernst Nipkow* beantwortet die Frage, ob unsere Bildung Religion brauche, mit einem bedingten Ja, nämlich nur dann, »wenn bei dem Thema Religion grundsätzlich und unabgeschwächt auch die gesellschaftliche und die klerikale Instrumentalisierung religiöser Bildung gesellschafts-, religions- und kirchenkritisch zum Thema gemacht wird«[20]. In faszinierenden historischen Analysen zeigt *Nipkow*, wie oft die Religionspädagogik eben diese Thematik verfehlt hat. Stellt man sich aber *Nipkows* Forderung, die »tatsächlichen gesamtgesellschaftlichen Verwendungszusammenhänge von Schule, Bildung und Religion heute«[21] als Grundthema anzusehen, dann dürfte sie kaum anders einzulösen sein als in einem Unterricht, der die Frage nach Religion(en) und ihren Wirkungen mit der Frage nach ethischem Verhal-

---

19 E. *Feifel* u.a. (Hg.), Handbuch der Religionspädagogik, Bd. I: Religiöse Bildung und Erziehung. Theorie und Faktoren (1973), Zitat *E. Feifel*, S. 46.
20 K. E. *Nipkow*, Braucht unsere Bildung Religion? – Zur gesellschaftlichen Verwendung religiöser Erziehung und zur Gesellschaftsferne der Religionspädagogik, in: *H. Horn* (Hg.), Begegnung und Vermittlung (1972), S. 37ff., Zitat S. 45.
21 K. E. *Nipkow*, aaO. S. 52.

ten und seinen Normen verbindet. Ein bestimmter Typus des Religionsunterrichts, wie er in der Theorie längst vorbereitet und in der Praxis tendenziell bereits realisiert wird, und die sinnvollen Aufgaben eines »Ethik«-Unterrichts rücken damit aneinander.

Gleichwohl will *Nipkow* Religions- und Ethikunterricht trotz mannigfacher Berührungspunkte unterschieden wissen.[22] Aber diese Unterscheidung ist nur so lange zwingend, wie man *Nipkows* anderwärts entfaltetes Verständnis des Religionsunterrichts[23] konsequent mitvollzieht. Geht man von einem *allgemeinen* Religionsunterricht aus, in dem die christliche Komponente der multireligiösen Situation entsprechend *eine* ist, greift *Nipkows* Unterscheidung nicht mehr, sondern seine Argumente für die Nähe beider Fächer und die immer auch ethisch zu wendende Frage nach dem gesellschaftlichen Verwendungszusammenhang von Religion als Grundfrage des Religionsunterrichts wie des »Ethik«-Unterrichts dominieren.[24]

– Ähnliches ist zu *Dietmar Pohlmanns* Argumentation zu sagen. Seine wissenschaftstheoretischen Überlegungen zur Ortsbestimmung des Unterrichts »Werte und Normen« und des evangelischen Religionsunterrichts[25] zeichnen sich durch ein hohes didaktisches Reflexionsniveau aus, und das Ergebnis ist der Aufweis einer Fülle von Gemeinsamkeiten beider Fächer. Erst durch eine theologische Engführung im letzten Schritt seiner Argumentation werden beide Fächer wieder getrennt, weil nämlich die »Ziele und Inhalte des evangelischen Religionsunterrichts ... im *Horizont christlichen Glaubens*«[26] stehen. Von dort her gewinnt die Konfessionalität des Religionsunterrichts neues Gewicht. Hier droht dem Religionsunterricht eine neue Theologisierung. Sie bliebe erspart, wenn nicht am Ende didaktische Reflexionen mit theologischen Setzungen vertauscht würden. In didaktischer Reflexion stehen Ziele und Inhalte des Religionsunterrichts im *Horizont der Säkularität* des Schülers und seiner Welt, um *Pohlmanns* Formel zu wenden. Aber diese Wendung schließt von Fall zu Fall die Reflexion christlicher Glaubensphänomene, -prägungen und -überlieferungen ein. Darum brauchen »Ethik« und Religionsunterricht nicht auseinanderdividiert zu werden.[27]

---

22 *K. E. Nipkow*, Moralerziehung. Pädagogische und theologische Antworten (1981), S. 173ff.: Religionsunterricht und Ethikunterricht vor den Aufgaben ethischer Erziehung.
23 Vgl. *K. E. Nipkow*, Grundfragen der Religionspädagogik, Bd. 1–3 (1975–1982), bes. Bd. 1, S. 138ff.
24 Zur Strukturierung ethischer Fragen für den Unterricht vgl. auch *H. P. Schmidt*, Zwölf Thesen zur Frage nach dem möglichen Ansatz für den Ethik-Unterricht, in: ZEE 22 (1978), S. 57ff.
25 *D. Pohlmann / J. Wolf* (Hg.), Moralerziehung in der Schule? Beiträge zur Entwicklung des Unterrichts Ethik / Werte und Normen (1982), S. 13ff.: *D. Pohlmann*, »Werte und Normen« und Theologie.
26 *D. Pohlmann*, aaO. S. 39.
27 Interessante Perspektiven weist in diesem Zusammenhang auf: *D. Zillessen*, Zum Problem des Ethikunterrichts an den Schulen, in: *G. Kehrer* (Hg.), Zur Religionsgeschich-

Es ist vorauszusehen, daß man uns entgegenhalten wird, wir rückten in unseren Argumentationen den »Ethik«-Unterricht zu dicht an den Religionsunterricht, so vermutlich von der *einen* Seite, und zugleich von der *anderen* Seite: wir rückten den Religionsunterricht zu dicht an den »Ethik«-Unterricht heran. Dazu ist zweierlei zu sagen:
– Wir haben in der Tat kein Interesse an der Aufrechterhaltung abstrakt gewordener Fachgrenzen, wenn doch die »Schnittmenge« beider Fächer so groß ist, daß eine Trennung nur noch mit Hilfe dogmatischer Setzungen, aber nicht aufgrund didaktischer Reflexionen gelingt. Dabei bezieht sich die gemeinsame »Schnittmenge« nicht einfach auf Stoffquantitäten, sondern auf didaktische Problembestände. Das ist in Richtung der Anwälte des bisherigen Religionsunterrichts ebenso wie der des »Ethik«-Unterrichts zu sagen.
– Für die weitere Erörterung der Theorie des »Ethik«-Unterrichts ist es entscheidend, die Auffassung zu korrigieren, »Ethik«-Unterricht könne seine didaktische Funktion unter Vernachlässigung der Dimension von Religion erfüllen. Die Forderung einer Alternative zum konfessionellen Religionsunterricht (oder auch eines Ersatzfaches für ihn) kann nicht von der Auseinandersetzung mit *Religion im Bildungszusammenhang,* einschließlich der Wirkungsgeschichte des Christentums, dispensieren. Wie wären denn ohne die Auseinandersetzung mit diesem Hintergrund Deutsch- oder Geschichtsunterricht möglich, um nur die nächstliegenden Bereiche zu nennen! Wenn dies aber zutrifft – und es scheint uns jenseits aller konfessionellen Standpunkte unwiderleglich –, dann dürfte es schwerfallen, »Ethik«-Unterricht *neben* einem Religionsunterricht für alle (im dargelegten Sinn) zu postulieren.

3. Juristische Überlegungen

Wenn wir den beispielhaft vorgestellten und erörterten Typus des »Ethik«-Unterrichts als Religionsunterricht bezeichnen, ihn also an der Stelle des bisherigen Typs konfessionellen Religionsunterrichts sehen möchten, dann erhebt sich die Frage, ob er mit den grundgesetzlichen Bestimmungen (insbesondere Artikel 7 Absatz 3) vereinbar ist.[28] Will man

---

te der Bundesrepublik Deutschland (1980), S. 117ff. Einerseits hält es *Zillessen* für »eine symptomatische Verkürzung der Probleme und der Aufgabenstellung eines ›Ersatzunterrichts‹, ihm nur den Lernbereich Ethik zuzuweisen« (S. 129). Andererseits rücken bei *Zillessen* die Aufgaben des Religionsunterrichts und des »Ersatzunterrichts« so eng aneinander, daß eigentlich das Plädoyer für *ein* Unterrichtsfach nahelege. Aber *Zillessens* Ausführungen sind für eine abschließende Beurteilung noch zu skizzenhaft. – *W. Cremers* Überlegungen: Schule und Religion. Überlegungen eines Religionswissenschaftlers, in: Der Ev. Erzieher 22 (1970), S. 375ff. enthalten auch dann bemerkenswerte Gesichtspunkte, wenn man in vielem anderer Meinung ist als der Verfasser.
28   *E. Fischer,* Trennung von Staat und Kirche (1971[2]) ist als entschiedene juristische Position – in der freilich auch eine eigene »Theologie« steckt – noch immer eine Auseinandersetzung wert. Vgl. auch die Besprechung der 1. Aufl. von *E. Denninger,* in: THP 2 (1967), S. 168ff.

nicht einer Grundgesetzänderung das Wort reden, weil sie wenig aussichtsreich erscheint, muß man sich auf die Auslegungsgeschichte von GG Artikel 7, einschließlich seiner Vorgeschichte (Weimarer Reichsverfassung Artikel 149), einlassen und sie ein Stück weiterzuführen versuchen.[29]

Eine solche Weiterführung ist über die schon früher genannten Gründe[30] hinaus mit folgenden Überlegungen zu legitimieren:

Die Situation und die Rahmenbedingungen des Religionsunterrichts haben sich gegenüber der Entstehungszeit des Grundgesetzes, erst recht aber gegenüber der Entstehungszeit der Weimarer Reichsverfassung grundlegend verändert. Nicht nur das Verhältnis zwischen den Konfessionen ist vor vierzig und mehr Jahren ein völlig anderes gewesen als heute. War »Ökumene« damals eine Sache einiger gelehrter Fachleute, so bestimmt sie heute das Verhältnis der Kirchen zueinander und das (wenn auch undifferenzierte) Bewußtsein der breiten Masse der Kirchenmitglieder. Schwerer noch wiegt wohl, daß sich Ende der vierziger Jahre niemand hat vorstellen können, daß Deutschland bis in seine Schulklassen hinein ein multireligiöses Land werden würde – aber dies ist heute der Fall. Artikel 7 des Grundgesetzes ist dann aber, wenn man ihn nicht ändern will, so zu interpretieren, daß der Religionsunterricht *realitätsgerecht* erteilt werden kann.

Dies erscheint möglich, wenn man die – ohnedies ungemein dubiose – Formel von der »Übereinstimmung des Religionsunterrichts mit den Grundsätzen der Religionsgemeinschaften« *nicht* als Eingrenzung der inhaltlichen Komplexität versteht, sondern als zu beachtenden Interpretationshinweis für *bestimmte* Inhalte: Sie kann nur in solchen Anteilen des Religionsunterrichts Berücksichtigung finden, die Themen der christlichen Religion gewidmet sind. Sie gilt also nicht pauschal für den Religionsunterricht, sondern logischerweise nur für bestimmte Komponenten, eben für jene, denen sich die christlichen Kirchen verdanken. Faktisch ist das nie anders gewesen, man hat es nur niemals ausgesprochen. Es sollte aber ausdrücklich benannt werden, um falsche Hypotheken abzubauen. Wer hat denn je, wenn er im Rahmen seines konfessionellen Religionsunterrichts Fremdreligionen behandelt hat, diese in Übereinstimmung mit den Grundsätzen seiner Religionsgemeinschaft unterrichtet? Wer hat denn Kirchengeschichte unter dieser Formel traktiert? Die Beispiele machen den Widersinn deutlich, den man aussprechen sollte, um einen ohnedies problematischen Rechtssatz – der durch die theologische Interpretation von Juristen nur noch delikater geworden ist! – so einzugrenzen, daß er wenigstens nicht zu sehr die Weiterentwicklung eines Unterrichtsfaches stört.

---

29 Noch immer aufschlußreich, bes. für das Verhältnis zwischen Grundgesetz und Länderregelungen, wenn auch nicht mehr den neuesten Stand repräsentierend: *A. v. Campenhausen*, Erziehungsauftrag und staatliche Schulträgerschaft (1967).
30 S. Anm. 1.

Die genannte Formulierung des Grundgesetzes für *bestimmte* Inhalte des Religionsunterrichts respektieren heißt im übrigen lediglich: In intellektueller Redlichkeit sind die historischen Ausformungen von Kirchen und ihren Lehren von Fall zu Fall *didaktisch reflektiert* in den Unterricht einzubeziehen, wenn dies *von der Sache her* geboten ist.[31] Artikel 7 formuliert dann nicht mehr als ein Postulat, das für jeden Unterricht, der sowohl fachwissenschaftlich wie didaktisch fundiert ist, entsprechend gelten muß.

Ohne die Hilfe der Juristen geringachten zu wollen, muß man angesichts der Auslegungsgeschichte von Artikel 7 deutlich sagen: Die Weiterentwicklung der Auslegung dieses Verfassungsartikels darf nicht den Juristen überlassen bleiben, sondern hier sind die Theologen gefragt, und sie müssen den Vertretern des Staatskirchenrechts endlich verdeutlichen, daß die »Grundsätze der Religionsgemeinschaften«, zumal im evangelischen Verständnis, weder wie Paragraphen des Bürgerlichen Gesetzbuches noch auch wie unhistorisch verstandene dogmatische Setzungen genommen werden dürfen. Wäre dies einmal von allen Beteiligten begriffen, dann endlich könnten Positionen wie die von *Maunz*[32] oder andere dogmatische Verhärtungen in *gemeinsamer* Anstrengung von Juristen und Theologen überholt werden – zum Nutzen eines realitätsgerechten, qualifizierten Religionsunterrichts.[33]

Wir zweifeln nicht daran, daß ein Verständnis des Artikels 7 GG, wie wir es angedeutet haben, in dem Augenblick *realisiert* werden könnte – und das heißt: »Ethik«-Unterricht als Religionsunterricht –, in dem die Kirchen dazu ihre Zustimmung geben würden. Nur daran dürfte es liegen. Es hat jedermann das Recht, auf eine exzessive Inanspruchnahme eines Rechtstitels aus der Vergangenheit von sich aus zu verzichten. Das gilt auch für die Kirchen.[34]

---

31 Vgl. auch die Interpretation der EKD zu GG 7,3: »Grundsätze der Religionsgemeinschaften« nach evangelischem Verständnis, in: Die evangelische Kirche und die Bildungsplanung. Eine Dokumentation (1972), S. 123f.

32 *Th. Maunz,* Der Religionsunterricht in verfassungsrechtlicher und vertragskirchenrechtlicher Sicht. Rechtsgutachten, maschinenschriftliche Vervielfältigung 1973.

33 Zur »Theologie der Juristen« vgl. die instruktiven Ausführungen bei *H. M. Fraund,* Die Geschichte des Religionsunterrichts zwischen 1848 und 1933 am Beispiel ausgewählter Krisen- und Knotenpunkte und die Frage nach Freiheit, Konfessionalität und Wissenschaftlichkeit, Diss. Mainz 1980. Die Arbeit ist insgesamt die Darstellung eines Stücks der Vorgeschichte unserer heutigen Problematik.

34 Nach Auffassung des Juristen *D. Ehlers* ist die Einrichtung einer »Weltanschauungskunde« – damit meint er mutatis mutandis das, was wir hier umschrieben haben: »Ethik« als Religionsunterricht – »zulässig, wenn die Leitungen der Religionsgemeinschaften auf das ihnen in Art. 7 GG gemachte Angebot der monokonfessionellen Akzentuierung verzichten. Unter derselben Voraussetzung sind auch Gestaltungsprogramme möglich, die zwischen den genannten beiden Formen liegen« – d.h. zwischen »Ethik« und konfessionellem Religionsunterricht (aaO. S. 96).

IV
Zusammenfassende Thesen: Religionsunterricht für alle

1. »Ethik«-Unterricht als Religionsunterricht für alle macht einen Alternativunterricht oder Ersatzunterricht überflüssig.
2. Die grundgesetzlich garantierte Freiheit des Glaubens, des Gewissens und die Freiheit des religiösen und weltanschaulichen Bekenntnisses wird im Fach »Ethik« durch die Unterrichtsinhalte und die Form ihrer Behandlung nicht tangiert. Insofern greift hier auch nicht mehr die im Gesetz über die religiöse Kindererziehung von 1921 geregelte Abmeldemöglichkeit vom 14. Lebensjahr ab (sowie entsprechende abweichende Länderregelungen).
3. »Ethik«-Unterricht als Religionsunterricht soll Schülern aller Altersstufen helfen – in jeweils angemessener Weise und in für sie erreichbaren Inhalten –, z.B. zu folgenden Perspektiven Zugang zu gewinnen:
– unterschiedliche Verhaltensnormen kennen und werten lernen;
– eigene religiöse Prägungen und die anderer erkennen und befragen;
– religiöse Vorstellungen und Überlieferungen, religiöse Sprache, einschließlich ihrer Wirkungen kennenlernen, um damit adäquat umgehen zu können;
– Kirchen und Konfessionen in ihrer Eigenart ansatzweise verstehen;
– Probleme des Zusammenlebens von Menschen aus unterschiedlichen Völkern, Nationen, Rassen, Religionen und Konfessionen human bewältigen;
– Sinn und Existenzfragen reflektieren.[35]

Die Aufgabe, die ein solcher »Religionsunterricht für alle« in der Schule einnimmt, läßt sich mit der Funktion der Theologie in der Universität vergleichen (sieht man dabei, verkürzend, im Augenblick einmal von der speziellen Ausbildungsfunktion theologischer Fakultäten für kirchliche Berufe ab und denkt allein an den »Ort« der Theologie im Kreis der Wissenschaften). *Dietrich Rössler*[36] hat, im Anschluß an Fichte, unterstrichen, daß die Bildungsziele der Universität über die Beiträge der Einzelwissenschaften hinausgehen müssen, weil die »Grundfragen menschlichen Daseins«, die nicht einfach in den Einzelwissenschaften schon thematisch sind, umfassend wahrgenommen werden müssen. Andernfalls breitet sich der »Irrationalismus aus, dem man so leicht gerade in der Kombination mit größtem wissenschaftlichen Spezialistentum begegnet«.[37] Dies läßt sich analog von der Universität auf die Schule, von den

---

35 Vgl. *H. J. Dörger / J. Lott / G. Otto*, gemeinsam mit *U. Baltz*, Religion 5-10 (1981), S. 27.
36 *D. Rössler*, Religion vom Katheder. Evangelische Theologie an der Universität, in: Ev. Kommentare 16 (1983), S. 312ff.
37 *D. Rössler*, aaO. S. 313.

theologischen Fakultäten auf das Schulfach Religion übertragen. Erst recht aber *Rösslers* Schluß: »Die Universität wird sich über eine möglichst umfassende und darin humane und verpflichtende Bestimmung ihrer Bildungsziele hinaus ihrer theologischen Fakultäten bedienen, um sich *im ganzen das Bewußtsein dafür wachhalten zu lassen,* daß der Mensch mehr ist, als er von sich weiß, und daß er in allem, was er von sich wissen kann, dennoch nicht aufgeht.«[38] (Die Frage, wieweit theologische Fakultäten *dieser* Aufgabe heute gerecht werden, soll hier unerörtert bleiben.)

Man ersetze »Universtität« durch Schule, »theologische Fakultäten« durch allgemeinen Religionsunterricht – und dann lese man das Zitat Wort für Wort noch einmal, und man hat eine so einfache wie weitreichende Umschreibung der komplexen Funktion eines »Religionsunterrichts für alle« vor Augen, wie wir ihn uns in der Schule von morgen vorstellen.

Aber vielleicht ja auch schon: in der Schule von heute?[39]

---

38 D. *Rössler*, aaO. S. 314.
39 Erst nachträglich haben wir entdeckt, womit wir in weiten Teilen übereinstimmen: W. *Sander*, Emanzipation als Leitidee des Religionsunterrichts, in: Religion heute (1984/3-4), S. 161ff.

4
Schluß

4.0
Vorbemerkung

Daß wir diesen Band mit einem Kapitel zur Theorie des Erzählens abschließen, mag überraschen. Hält man doch gemeinhin das Erzählen für eine typische Unterrichtsform im Grundschulreligionsunterricht (oder im Kindergottesdienst). Aber in welchem Zusammenhang soll es ausgerechnet mit dem »Ethik«-Unterricht stehen?
Zwei Überlegungen sind für unsere Überlegungen zur Theorie des Erzählens an dieser Stelle bestimmend:
– Im Vorgang des Erzählens geht es um eine Mitteilungsweise, die keinesfalls nur als spezifisch »kindlich« angesehen werden darf. Ja wir pervertieren, was Erzählen in seiner Reichweite als Mitteilungs- und Erfahrungsmodus ist, wenn wir es allein Kindern vorbehalten und nur in dieser Perspektive reflektieren. »Wo es nichts mehr zu erzählen gibt, gibt es nichts mehr zu leben und nichts mehr zu hoffen.«[1]
– Da Erzählung sich immer auf Erfahrung und Überlieferung bezieht, also auf zwei Komponenten, ohne die in ihrer gegenseitigen Ergänzung Unterricht nicht denkbar ist, ist auch ein »Ethik«-Unterricht nicht denkbar, in dem sich nicht von Fall zu Fall die Aufgabe stellt, Schülern zu erzählen und Schülern zum Erzählen zu verhelfen. Das wird um so deutlicher werden, wenn »Ethik«-Unterricht für alle Schulstufen diskutiert werden wird und nicht mehr vorrangig für die Sekundarstufen, wie es bisher noch geschieht.

4.1
Elemente einer Theorie des Erzählens im Religionsunterricht
(Gemeinsam mit *Ursula Baltz*)

Die Frage nach einer *selbständigen* Theorie des Erzählens im Religionsunterricht ist falsch gestellt; es gibt nur eine umfassende Theorie des Erzählens, in deren Perspektive auch das Erzählen im Religionsunterricht und im Ethikunterricht liegt. Erzählen im Religionsunterricht ist also nicht aufgrund einer eigenen – fachorientierten – Theorie legitimierbar, sondern es läßt sich umgekehrt nur vom Gesamtzusammenhang der Er-

---

1 *U. Baltz,* Theologie und Poesie (1983), Vorwort.

zählproblematik her begreifen, eben weil Erzählen als eigener sprachlicher Vorgang verstanden sein will, der nicht vorschnell überdeckt werden darf. Wir wollen in den folgenden Ausführungen einige Elemente umschreiben, die für den Gesamtzusammenhang der Erzählproblematik von Belang sind; von dort aus fällt ein Licht auf Situation und Problematik des Erzählens im Religionsunterricht in Vergangenheit und Gegenwart[1] und im »neuen« Ethikunterricht.

I
Wirklichkeit – Wahrheit

In seinen Frankfurter Poetik-Vorlesungen schildert *Peter Bichsel*[2] eine Episode, in deren Mittelpunkt der Wirklichkeits- und Wahrheitsbezug von Erzählung steht. *Bichsel* berichtet von einer Reise nach Bali und seiner Beschäftigung mit dem indischen Hinduismus:

»Als ich entdeckte, oder als mir erklärt wurde, daß der Hinduismus eine pädagogische Religion sei, nämlich insofern, als die beste ›gute Tat‹ eines Hindus darin besteht, einem anderen etwas zu erklären, da verlor ich meine Hemmungen und begann mit Fragen. Und als die Leute hörten, daß ich einer sei, der fragt, kamen sie alle an und wollten antworten.
Ein junger Balinese wurde mein Hauptlehrer. Eines Tages fragte ich ihn, ob er denn glaube, daß die Geschichte vom Prinzen Rama – eines der heiligen Bücher der Hindus – wahr sei. Ohne zu fragen, antwortete er mit ›ja‹.
›Du glaubst also, daß Prinz Rama irgendwann, irgendwo gelebt hat?‹
›Das weiß ich nicht, ob der gelebt hat‹, sagte er.
›Dann ist es also eine Geschichte?‹
›Ja, es ist eine Geschichte.‹
›Und dann hat wohl jemand diese Geschichte geschrieben – ich meine: ein Mensch hat sie geschrieben?‹
›Sicher hat sie ein Mensch geschrieben‹, sagte er.
›Dann könnte sie ja auch ein Mensch erfunden haben‹, antwortete ich und triumphierte, weil ich dachte, ich hätte ihn überführt.
Er aber sagte: ›Es ist gut möglich, daß einer die Geschichte erfunden hat. Wahr ist sie trotzdem.‹
›Dann hat also Prinz Rama nicht auf dieser Erde gelebt?‹
›Was willst du wissen?‹ fragte er. ›Willst du wissen, ob die Geschichte *wahr* ist, oder nur, ob sie *stattgefunden* hat?‹
›Die Christen glauben, daß ihr Gott, Jesus Christus, auf der Erde war‹, sagte ich, ›im Neuen Testament ist das von Menschen beschrieben worden. Aber die Christen glauben, daß dies die Beschreibung von Wirklichkeit ist. Ihr Gott war wirklich auf der Erde.‹
Mein balinesischer Freund überlegte und sagte: ›Davon hat man mir schon erzählt. Ich verstehe nicht, warum es wichtig ist, daß euer Gott auf der Erde war. Aber mir fällt auf, daß die Europäer nicht fromm sind. Stimmt das?‹
›Ja, es stimmt‹, sagte ich.«[3]

---

1 Vgl. zum didaktischen Gesamtzusammenhang Heft 1 der Zeitschrift Grundschule 17 (1985), das der »narrativen Unterrichtskultur« gewidmet ist.
2 *P. Bichsel*, Der Leser. Das Erzählen. Frankfurter Poetik-Vorlesungen (SL 438/1982).
3 Ebd. S. 13f. (Hervorhebungen von uns).

Der Dialog zwischen *Peter Bichsel* und seinem balinesischen Lehrer zeigt: »Wahr« ist eine Geschichte *im Akt des Erzählens*. Die Wahrheit einer Geschichte erweist sich *nicht* im Übergang auf eine andere Ebene, *nicht* in der Rückfrage nach dem Verhältnis zwischen erzählter Wirklichkeit und erhebbarem Vorfall. Erzählung lebt nicht von vorgängigem Geschehen, über das berichtet wird, sondern Erzählung *schafft* Wirklichkeit.

II
Erzählen – Weitererzählen

Was es mit dem Erzählen auf sich hat, im umfassendsten Sinn, zeigt auf andere Weise *Walter Benjamin* in seinen großartigen Betrachtungen zum Werk Nikolai Lesskows, überschrieben »Der Erzähler«.[4] Es ist *Benjamins* Auffassung, »daß es mit der Kunst des Erzählens zu Ende geht«. Das liegt daran, daß »das Vermögen, Erfahrungen auszutauschen«, von uns genommen worden ist, und dies, weil die »Erfahrung ... im Kurse gefallen« ist (S. 385). Vor diesem Hintergrund stehen *Benjamins* perspektivenreiche Hinweise zum Erzählen.

Jede wahre Erzählung, sagt *Benjamin,* führt »offen oder versteckt ihren Nutzen mit sich. Dieser Nutzen mag einmal in einer Moral bestehen, ein andermal in einer praktischen Anweisung, ein drittes in einem Sprichwort oder in einer Lebensregel – in jedem Fall ist der Erzähler ein Mann, der dem Hörer Rat weiß«. Was ist hier mit Rat gemeint? »Rat, in den Stoff gelebten Lebens eingewebt, ist Weisheit. Die Kunst des Erzählens neigt ihrem Ende zu, weil die epische Seite der Wahrheit, die Weisheit, ausstirbt.« Dieser Vorgang ist »eine Begleiterscheinung säkularer geschichtlicher Produktivkräfte, die die Erzählung ganz allmählich aus dem Bereich der lebendigen Rede entrückt hat und zugleich eine neue Schönheit in dem Entschwindenden fühlbar macht« (S. 388). Einerseits löst das Aufkommen des Romans zu Beginn der Neuzeit die Erzählung ab. Das mag hier auf sich beruhen. Ein weiterer Umstand tritt hinzu. Neben dem Roman entwickelt sich im Zusammenhang mit der immer wichtiger werdenden Presse eine neue Form der Mitteilung: die Information. »Wenn die Kunst des Erzählens selten geworden ist, so hat die Verbreitung der Information einen entscheidenden Anteil an diesem Sachverhalt« (S. 390f.). Ein Vergleich zwischen Erzählung und Information ist instruktiv: »Die Information hat ihren Lohn mit dem Augenblick dahin, in dem sie neu war. Sie lebt nur in diesem Augenblick, sie muß sich gänzlich an ihn ausliefern und ohne Zeit zu verlieren sich ihm erklären« (S. 391f.).

Den oben wiedergegebenen Dialog zwischen *Peter Bichsel* und seinem balinesischen Lehrer kann man tendenziell auch als Gespräch lesen, das

---

4 W. *Benjamin,* Illuminationen. Ausgewählte Schriften (st 345/1977), S. 385ff. Die folgenden Zitate daraus.

deswegen mißlingt, weil der Balinese eher »Erzählung« meint, *Bichsel* aber *mit demselben Begriff* eher »Information«. Dieses Mißverständnis dürfte ein geradezu typisches Charakteristikum vieler Debatten über das Erzählen im Religionsunterricht darstellen.

Benjamin fügt der Gegenüberstellung von Information und Erzählung noch zweierlei an: Zur Erzählung gehört, daß sie auch »noch nach langer Zeit der *Entfaltung* fähig« ist. Und: Die Kunst allen Geschichtenerzählens liegt darin, » *weiter zu erzählen* «[5] (S. 392). Der Begriff »Weitererzählen« hat bei *Benjamin* etwas vieldeutig Schwebendes. »Weiter« meint einerseits die Erstreckung in der Zeit: die Geschichte nicht nur heute, sondern auch morgen und übermorgen erzählen. »Weitererzählen« hat aber auch eine inhaltliche Komponente: die heute erzählte Geschichte ist nicht zu Ende, sie geht weiter . . .

III
Einige historische Hinweise[6]

Nicht erst die Narrative Theologie hat die Bedeutung der Erzählung im theologischen Zusammenhang entdeckt. Seit dem Pietismus werden in den Schulen biblische Geschichten erzählt.
Johann Hübners »Zwey mahl zwey und funfzig Auserlesene Biblische Historien aus dem Alten und Neuen Testamente, Der Jugend zum Besten abgefaßt« aus dem Jahre 1714 gelten allgemein als der Anfang biblischen Erzählens. Aber diese allgemeine Einschätzung ist zu präzisieren. *Hübner* kombiniert seinen Text aufgrund der biblischen Vorlage, die meist umfangreicher ist als *Hübners* Textfassung. Einzelne Verse übernimmt er wörtlich, andere zieht er zusammen, wieder andere entfallen. Ein eigener *erzählerischer* Zugriff gegenüber der Vorlage liegt jedoch nicht vor, auch keine gestaltete Neuerzählung. Der Text der »Historien« ist durchweg trocken, fast versachlicht, selten begegnen anschauliche Züge, kaum lebendige Farben im Handlungsverlauf. Es kommt hinzu, daß sich der Hörer auch gar nicht so sehr auf den Gesamtaufriß einlassen soll, sondern er soll die Befähigung erwerben, die jeder Historie beigegebenen »Deutlichen Fragen« aufgrund des *Hübner*schen Textes zu beantworten. So wird man sagen müssen: *Hübner* hat nicht eigentlich erzählt, sondern Texte bearbeitet, um sie im Rahmen des Unterrichtsverständnisses seiner Zeit hantierbar zu machen. Oder um es noch schärfer zu pointieren, mit Begriffen aus dem Zusammenhang von *Peter Bichsel* und *Walter Benjamin*:

---

5 Hervorhebungen von uns.
6 Vgl. zu den Abschnitten III bis V durchgängig *U. Baltz,* Theologie und Poesie. Annäherungen an einen komplexen Problemzusammenhang zwischen Theologie und Literaturwissenschaft (1983). Dort alle Einzelbelege. – Zu *Hübner* speziell *C. Reents,* Die Bibel als Schul- und Hausbuch für Kinder (1984).

Bei *Hübner* handelt es sich weniger um *Erzählungen,* sondern eher um *Informationen* für Schüler, damit sie die notwendigen biblischen *Fachkenntnisse* erwerben.

Erst Anfang des 19. Jahrhunderts ändert sich diese Situation. Sie ist weniger deutlich, weil es kein vergleichbar herausragendes Werk wie Hübners »Historien« gibt. Besonders aufschlußreich für diesen Zeitraum erscheint der heute weithin unbekannte *Ludwig Schlosser,* Pfarrer zu Drakendorf bei Jena, mit seinem Werk: »Biblische Geschichten für Kinder von reiferm Alter aus den gebildeten Ständen aller christlichen Confessionen« (1806). Sein Konzept ist, das zeigen seine vorangestellten Grundsätze, von der Kritik an *Hübner* bestimmt. Er legt als erster oder als einer der ersten vor, was mit *Hübners* Historien so noch nicht gegeben war: Erzählungen. Bot *Hübner* eher lehrhafte Textgrundlagen, so bietet *Schlosser* sparsam entfaltende, konkretisierende, auch hier und da die handelnden Personen akzentuierende Erzählungen. Freilich bleiben diese Erzählungen noch immer durchgängig am Luther-Text orientiert. Aber charakteristisch ist auch, daß *Schlosser,* wo immer es geht, nach »natürlichen« Erklärungen sucht, die in die Erzählung verwoben werden.

Die weitere Geschichte des Religionsunterrichts ist auch dadurch charakterisiert, daß die Tendenz zu wirklichem Erzählen immer stärker wird. Sie erreicht Ende des 19. / Anfang des 20. Jahrhunderts im Zusammenwirken von Liberaler Theologie und Reformpädagogik ihren Höhepunkt. Ein Beispiel dafür sind *Max Pauls* »Erzählungen für Herz und Gemüt der Kleinen« (Sechsundfünfzig biblische Geschichten für die ersten vier Schuljahre in erzählend darstellender Form auf Grund Wundtscher Psychologie, 1906). Jetzt erst ist der Durchbruch zur Erzählung erfolgt, wenn auch die Gefühlsebene der Erzählungen für uns heute oft befremdlich wirkt. Die Motivation ist dabei pädagogisch-psychologisch; diese Motivation wird *erzählerisch* eingelöst. Die sprachlichen Mittel sind die des volkstümlichen Erzählers, deutlich gefühlsbetont, mit Interesse an starken Farben, an Einbildungskraft.

Spannt man den Bogen von *Johann Hübner* bis in die dreißiger/vierziger Jahre unseres Jahrhunderts, so kann man sagen: *Hübner* löst – unter den Vorzeichen des Pietismus – den vorrangig vom Katechismus bestimmten Unterricht ab. An die Stelle des Katechismus tritt der *biblische Text,* der freilich noch eher katechismusartig behandelt wird. Erst unter dem Einfluß der Liberalen Theologie, besonders als sie sich mit der Reformpädagogik verbinden kann, wird der Weg zur *Erzählung* wirklich eröffnet. Einerseits *Textorientiertheit* – andererseits Öffnung zur *Erzählung* hin, das ist eine Spannung, der wir auch unter anderen theologischen Vorzeichen zu anderer Zeit wieder begegnen werden.

IV
Kerygma gegen Erzählung

Was wie eine Tendenz zunehmender Verbreitung des Erzählens im Religionsunterricht aussieht, wird Mitte des 20. Jahrhunderts unterbrochen. Die religionspädagogische Aufnahme und didaktische Einordnung historisch-kritischer Arbeit an biblischen Texten hat für die Erzählung im Unterricht zunächst eine reduzierende Auswirkung. Die Anschaulichkeit biblischer Geschichten, bisher verstanden als Anschaulichkeit historischer Geschehenszusammenhänge und insofern erzählbar, wird problematisch. *Hans Stock*[7] löst die Spannung zwischen der historischen und der kerygmatischen Problematik synoptischer Texte, indem er für das Erzählen die historischen Elemente gegenüber den kerygmatischen dominieren läßt. Zeigt *Stock* noch einen Ausweg, so wird für *Martin Stallmann* Erzählen so gut wie unmöglich, denn die Wirklichkeit des Glaubens ist unanschaulich. Sie ist also auch nicht auf dem Wege der Nacherzählung anschaulicher Züge der Überlieferung erzählbar. Freilich behält *Stallmann* die Erzählung bei, aber es leitet ein anderer Begriff von Erzählen. Es kann in der Erzählung nicht mehr um die Vergegenwärtigung von Vorstellungen gehen, zum Beispiel des Verhaltens Jesu gegenüber bestimmten Personen, sondern es geht in der Erzählung um die Vergegenwärtigung des *Gesetzes*. Sie kann den Zuhörer »zur Besinnung auf sich selbst bringen, um ihn zu veranlassen, ... die göttliche Gnade zu suchen«.[8]
Es hat lange gebraucht, bis sich der Religionsunterricht aus seiner kerygmatischen Umklammerung befreit hat, ohne deswegen die Bedeutung historisch-kritischer Erkenntnisse für den Unterricht zu negieren. Eine Zwischenstation auf diesem Wege dürften *Ingo Baldermanns*[9] Arbeiten sein, insofern hier der sprachlichen Form neue Aufmerksamkeit geschenkt wird. Freilich löst sich *Baldermann* noch nicht wirklich aus der Umklammerung, weil er sich an das Formgesetz der Texte bindet.

V
Neidhart und *Steinwede*

Zwischen dem Anfang und der Mitte der siebziger Jahre wird das Thema Erzählung neu gestellt. Die Beispiele und Entwürfe von *Dietrich Steinwe-*

---

7 H. *Stock*, Studien zur Auslegung der synoptischen Evangelien im Unterricht (1959); *ders*., Der kerygmatische Charakter der Evangelientexte als Unterrichtsproblem, in: *H. Heeger* (Hg.), Glauben und Erziehen. Festgabe für Gerhard Bohne (1960).
8 M. *Stallmann*, Die biblische Geschichte im Unterricht (1963; der programmatische Aufsatz zuerst 1954), S. 141f.
9 I. *Baldermann*, Biblische Didaktik (1966³) und die darauf aufbauenden späteren Veröffentlichungen.

de und *Walter Neidhart*[10], samt ihrer theoretischen Fundierung, eröffnen eine neue Phase der Praxis, zugleich bringen sie die Diskussion in grundsätzlichen Fragen wieder in Gang. Jetzt tritt die Person des Erzählers als Gestalter neu in den Vordergrund, allerdings bei *Steinwede* und *Neidhart* auf sehr unterschiedliche Weise.

Neidhart hat in seinem Erzählbuch die These aufgestellt: Da in jede Auslegung ein Element der subjektiven Auffassung des Auslegers eingegangen ist, darf auch der heutige Erzähler seine Wahrheitserkenntnis in seiner Erzählung zum Ausdruck bringen. Wie der biblische Autor in der damaligen Situation für seine Leser und Hörer schrieb, so soll der Lehrer für seine Schüler *an die Stelle des biblischen Erzählers treten. Neidharts* Erzählung orientiert sich also nicht an dem speziellen Glaubensverständnis eines Paulus oder Lukas, sondern an seinem eigenen. Er betont, daß sich die Wahrheit einer biblischen Erzählung nicht »objektiv« feststellen läßt. Sie ist bereits Auslegung, in die Elemente der subjektiven Auffassung des Auslegers eingegangen sind. Deshalb ist es redlich, die Wahrheitserkenntnis des heutigen Erzählers zum Ausdruck zu bringen. Den historischen Fakten wird bei *Neidhart* etwas von ihrem Übergewicht genommen, weil sie nicht über den Wahrheitsgehalt einer biblischen Geschichte entscheiden können. Deren Nacherzählung soll es vielmehr dem Hörer ermöglichen, sich »spielerisch« mit den wichtigsten Rollen der Geschichte auseinandersetzen zu können. Allein der biblische Wortlaut kann das nicht leisten, sondern anschauliche Einzelheiten müssen ergänzt werden, »die das phantasiemäßige Nacherleben ermöglichen und den Gefühlsablauf vermitteln, der das Hören der Geschichte begleitet«.[11]

So kommt *Neidhart* zu dem Ergebnis: Wenn ein Evangelist eine Geschichte ohne historischen Kern erzählte, weil er damit seinen Lesern etwas deutlich machen will, hat der heutige Erzähler dieselbe Freiheit, die Geschichte phantasiemäßig so umzuformen, daß sie für heutige Hörer optimale Gestalt gewinnt. Das Ziel ist, Schülern in einer anschaulichen Erzählung Glaubensgeschichten so anzubieten, daß sie sich mit wesentlichen Aussagen und Rollen identifizieren können, ihnen eine Welt von damals im notwendigen Umfang nahezubringen und ihnen zugleich die gegenwärtige Bedeutung in der Deutung des Lehrers zu entfalten.

Neidhart entfaltet dieses Erzählungsverständnis durch die Zuordnung von vier verschiedenen Erzählungstypen:[12]

---

10 W. *Neidhart* / H. *Eggenberger*, Erzählbuch zur Bibel (1975). – D. *Steinwede*, Das Nacherzählen als Grundproblem biblischen Unterrichts, in: Loccumer Religionspädagogische Studien und Entwürfe VI (1970); *ders.*, Werkstatt erzählen (Comenius-Institut 1974).
11 W. *Neidhart*, aaO. S. 36.
12 Vgl. jetzt auch W. *Neidhart*, Erzählte Kontexte. Rahmenerzählungen für nicht-erzählende Texte der Bibel, in: *G. Otto* (Hg.), Theologie – Literatur – Literaturwissenschaft, THP (Themen der Praktischen Theologie) 18 (1983/3–4), S. 19ff.

Umweltgeschichten bieten Informationen über den kultur- und religionsgeschichtlichen, geographischen und politischen Hintergrund biblischer Geschichten. Es sind Erzählungen, gestaltete Sprachbilder, die die Kenntnisse, die wir von dem Leben und Treiben damaliger Menschen gewonnen haben, anschaulich darstellen und dem Schüler Möglichkeiten an die Hand geben, einen anderen Lebensraum zu begreifen. *Geschichten zur literarischen Ursprungssituation* sollen die Entstehung eines biblischen Textes aus seiner vermutlichen Ursprungssituation rekonstruieren helfen. *Rahmengeschichten* wollen das *Problem*, um das es in einem Text geht, vorweg veranschaulichen. *Verlaufsgeschichten* wollen mit heutigen Mitteln der Gestaltung die biblischen Geschichten umformen, ihre Intention durch Weiterschreiben der Tradition neu zur Sprache bringen.

Der Versuch *Neidharts*, die »semantischen Potentiale« der Überlieferung freizusetzen, neuen Umgang mit biblischer Überlieferung zu initiieren, schafft *Beziehungen* für heutige Hörer. Oder mit *Jürgen Lott* zu reden: »Ins Erzählen und Weitererzählen schießen Aspekte, Umstände, Figuren, Interpretamente ein, die dem biblischen Autor noch gar nicht zur Verfügung stehen konnten, weil er in einer anderen Zeit und Welt gelebt, geglaubt und geschrieben hat. Solches Transformieren *vergegenwärtigt* und *verstrickt*.«[13] Die Sprache, die das ermöglicht, wird in Ansätzen poetische Sprache sein müssen, d.h. kreative Sprache, die Wirklichkeit neu erschließt. *Weiter-erzählen* heißt hier den *Dialog* zwischen damals und heute wagen. Erst dann kann aus der tradierten Erinnerung Mut und Hoffnung erwachsen.
Daneben stehen *Steinwedes* Versuche, die im entscheidenden Punkt in die Nähe einer Gegenposition zu *Neidhart* rücken. Für *Steinwede* ist Erzählen im präzisen Sinne *Nach*erzählen. Daher ist »Texttreue« leitendes Prinzip. Genauer führt *Steinwede* aus: »Texttreu sein heißt, den dokumentarischen Charakter der biblischen Texte nicht leichtfertig mißachten. Struktur (Aufbau, Abfolge, Sprachgestalt) des Textes wahren. Ohne daß man sich im einzelnen an Worte oder Sätze des Bibeltextes klammern muß, kann der sachliche und sprachliche Grundbestand der biblischen Überlieferung erhalten bleiben. Die . . . Geschichte bleibt dieselbe. Ihre Identität ist gewahrt.«[14] Die Funktion des Erzählers – mit allen inhaltlichen Folgen – wird hier grundsätzlich anders bestimmt als bei *Neidhart*, wenn *Steinwede* im Interesse der Identität der biblischen Geschichte nach einer »Sprachform« fragt, die dem Kind zugänglich ist. Zugänglichkeit biblischer Aussagen und Vorstellungen wird zum *Form*problem, während *Neidhart* dieselbe Frage zum *inhaltlichen* Problem, mit der Nötigung des Neuerzählens, erhebt, wenn er ablehnt, die »Meinung des biblischen Er-

---

13 J. Lott, Bibel im Religionsunterricht, in: *H. J. Dörger / J. Lott / G. Otto*, Religionsunterricht 5–10 (1981), S. 226.
14 *D. Steinwede*, Werkstatt erzählen, S. 52.

zählers« zum Kriterium zu machen, und an dessen Stelle für die heutige Erzählung das Glaubensverständnis des Erzählers und die Wirkungen auf den Hörer setzt. Folgerichtig interessieren *Steinwede* erzähltechnische Hinweise mehr als inhaltliche Transpositionen, die zur wirklichen Neugestaltung führen würden.

Instruktiv am Gegenüber der Thesen von *Neidhart* und *Steinwede* ist zweierlei; beides läßt sich aus zuvor schon dargestellten »Elementen« ableiten.

Was *Neidhart* will, wenn er an Entfaltung und Weitererzählung interessiert ist, gewinnt an Bedeutung, wenn man es im Licht der Aussagen *Walter Benjamins* liest (vgl. oben II). Bei *Neidhart* wird Erzählung nicht auf Information reduziert. Man kann sagen: In der Tendenz will *Neidhart* erreichen, was *Benjamin* meint, wenn er sagt, der Erzähler sei ein Mann, »der dem Hörer Rat weiß«. Dies wird nur da erreichbar, wo der heutige Erzähler *seine* Rolle selbständig übernimmt.

Umgekehrt ist für *Steinwede* charakteristisch, daß seine Kategorie der Texttreue ihn in eine Bindung an vorgegebenen Textbestand führt, die ihn die *Erzählung* gar nicht voll erreichen läßt. Insofern fällt er in eine frühe Stufe der religionspädagogischen Theoriebildung zurück und ist *Hübner* näher als vielen Späteren (vgl. oben III). Was sich bei *Steinwede* Erzählung nennt, ist gar keine. Es steht der Information nahe.

VI
»Poetische Didaktik«

Lag unser Ausgangspunkt bei einer eher *systematischen* Beobachtung – dem Unterschied zwischen Erzählung und Information –, so hat uns dieser Zugriff zugleich angeleitet, Knotenpunkte der *Geschichte* des Erzählens im Religionsunterricht zwischen *Johann Hübner* und *Walter Neidhart* in den Blick zu bekommen. Die Position, von der jetzt zu sprechen ist, ist historisch die letzte, und sie führt auch systematisch einen Schritt weiter. So rundet sich die systematisch-historische Darstellung einiger Elemente einer Theorie des Erzählens.

Peter Biehl hat die Diskussion seit 1980 mit mehreren Arbeiten neu inspiriert.[15] Dabei fällt durchgehend auf, daß sein Interesse an Poesie nicht al-

---

15   P. Biehl, Erfahrungsbezug und Symbolverständnis. Überlegungen zum Vermittlungsproblem in der Religionspädagogik, in: *P. Biehl / G. Baudler*, Erfahrung – Symbol – Glaube. Grundfragen des Religionsunterrichts (1980), S. 37ff. – *P. Biehl*, Natürliche Theologie als religionspädagogisches Problem. Thesen zu einem erfahrungsbezogenen Reden von Gott im Religionsunterricht, in: *R. Lachmann* (Hg.), Religionsunterricht als religionspädagogische Herausforderung. Festschrift für Helmut Angermeyer (1982), S. 101ff. – *P. Biehl*, Erfahrung als hermeneutische, theologische und religionspädagogische Kategorie. Überlegungen zum Verhältnis von Alltagserfahrung und religiöser Sprache, in: *H.-G. Heimbrock* (Hg.), Erfahrungen in religiösen Lernprozessen (1983), S. 13ff. – *P. Biehl*, Religiöse Sprache und Alltagserfahrung. Zur Aufgabe einer poetischen Didaktik,

lein auf die *Erzählung* im Religionsunterricht gerichtet ist, sondern auf die *Didaktik* des Religionsunterrichts insgesamt. Diese Erweiterung des Fragehorizonts korrespondiert unserer Ausgangsposition, daß es keine isolierbare Erzähltheorie für den Religionsunterricht gibt, sondern nur den Gesamtzusammenhang der Erzählproblematik (s.o.). *Biehls* und unsere Erweiterung der Fragestellung ergänzen und fordern sich gegenseitig.

In einem seiner neuesten Aufsätze[16] geht *Biehl* von »Überlegungen zum Verhältnis von Alltagserfahrungen und religiöser Sprache« aus, um nach »Möglichkeiten der Erweiterung von Alltagserfahrungen mit Hilfe religiöser und dichterischer Sprache zu suchen« (S. 102).

Orientiert an *Ricoeurs* Sprachverständnis, kommt *Biehl* zu der These: »Dichterische wie religiöse Sprache haben *offenbarenden Charakter*; sie eröffnen nämlich von sich her das Angebot einer Welt, in die hinein ich meine eigensten Möglichkeiten entwerfen kann. Beide durchbrechen kraft ihrer ›offenbarenden Macht‹ die nivellierende Tendenz der Alltagssprache... Religiöse Sprache entwirft nach diesem Verständnis eine radikale Sicht der Existenz *und* erschließt zugleich die religiöse Dimension allgemein menschlicher Erfahrung« (S. 105f., Hervorhebungen dort).

Von hier aus postuliert *Biehl* das Interesse an sprachschöpferischer Arbeit im Religionsunterricht. Sie setzt im Sinne einer poetischen Didaktik bei Selbstartikulationen des Schülers an: »Das Verarbeiten und Veröffentlichen von Wahrnehmungen, Erlebnissen und Widerfahrungen, ihre Symbolisierung und Ritualisierung, ihre gemeinsame Deutung in sprachlicher und visueller Kommunikation (sollte) zu den elementaren Aufgaben des Religionsunterrichts gehören« (S. 108). Wenn sich nämlich Schüler selbst ansatzweise »poetisch« oder »metaphorisch« geäußert haben, gelingt es ihnen leichter, »in Hoffnungsgeschichten anderer einzusteigen« (S. 108) – seien es dichterische oder biblische.

In diesem Reflexionszusammenhang ist für *Biehl* die Erzählung eine didaktische Grundform, und es wird sofort präzisiert: »Bei der Erzählung ist nicht nur an das Nacherzählen biblischer Texte zu denken, sondern an das *Neu- und Weitererzählen* in *Entsprechung* zu biblischen Gottes- und Selbsterfahrungen.«[17] So vermittelt Erzählen Selbsterfahrung *und* die Erfahrung anderer. Dabei bleibt gewahrt, daß das Neu- und Weitererzählen den Kontakt zur religiösen Sprache und Symbolik nicht verliert. »Die Symbole als Bezugsgegenstand der Grenzausdrücke behaften die Erzählung bei ihrer Sache, wie umgekehrt die Erzählung die Symbole konkret

---

in: *G. Otto* (Hg.), Theologie – Literatur – Literaturwissenschaft, THP (Themen der Praktischen Theologie) 18 (1983/3-4), S. 102ff.
16 Religiöse Sprache und Alltagserfahrung. Zur Aufgabe einer poetischen Didaktik (s. Anm. 15). Wir folgen hier vorrangig diesem Aufsatz und lassen – was gewiß anfechtbar ist – Differenzierungen, die *Biehl* in seinen anderen einschlägigen Arbeiten einbringt, weitgehend unbeachtet. – Die Seitenangaben im Text in ( ) beziehen sich auf diesen Aufsatz.
17 *P. Biehl*, Erfahrung, aaO. S. 53 (Hervorhebungen dort).

entfalten kann. *Symbolkritischer Ansatz* – Symbole fordern zur ständigen Ideologiekritik heraus – *und narrativer Ansatz können sich in der Religionspädagogik wechselseitig ergänzen.*«[18]

VII
Perspektiven

Wenn Erzählung ein »fundamentales anthropologisches Phänomen«[19] ist, dann ist auf dem Hintergrund ihrer Geschichte im Religionsunterricht, also auch im Zusammenhang *mißverstandener* Erzählung, nach ihrer Zukunft zu fragen.
Die dafür notwendigen Weichenstellungen haben *Walter Neidhart* und *Peter Biehl* vorbereitet. Beider Arbeiten lassen sich weitgehend zusammenführen; streckenweise liest sich *Biehl* wie die Theorie zu *Neidhart*. Beide überwinden die kerygmatischen Verengungen der Theorie in den fünfziger Jahren – einer Theorie, die, wie *Steinwedes* Versuche bis heute zeigen, nicht in die Freiheit des Erzählens führt, sondern permanent durch die Gefahren manierierter Sprachbildung bedroht ist. Solche Sprache ist mit ihren Manierismen keine austauschbare Äußerlichkeit, sondern eine Verzerrung der Inhalte.

Für die weitere Diskussion scheint uns daher wichtig festzuhalten:
– Erzählung lebt aus der Einheit der Sprache. Alle Versuche, diese Einheit zu sprengen oder auch nur ansatzweise in verschiedene Ebenen aufzuteilen, zerstören den inneren Zusammenhang und die Einheit der Sprache. Letzten Endes wird dann doch wieder eine besondere Sprache für religiöse oder biblische Aussagen notwendig. Diese Gefahr zeigt sich überall da, wo religiöse, bekennende und weltliche Sprache einander gegenübergestellt werden. Sie zeigt sich aber auch da, wo der Versuch gemacht wird, die sprachliche Form bestimmter biblischer Texte als unaustauschbar zu erweisen. Die Einheit der Sprache bleibt auch für das Erzählen von Gotteswirklichkeit der Grund aller Möglichkeiten.
– *Neidharts* Versuch, die »semantischen Potentiale« der Überlieferung freizusetzen, ist zugleich der Aufruf, neue sprachliche Möglichkeiten zu erkunden. Das gilt im Grunde ebenso für *Jürgen Lotts* These (s.o.). Nimmt man die Aufgaben ernst, die in den Aussagen von *Neidhart* und *Lott* stecken, wird man fragen müssen, wie sie sprachlich zu lösen sind. Sprache, die ermöglicht, was *Neidhart* und *Lott* wollen, wird kreative Sprache sein müssen, die Wirklichkeit neu erschließt. Kreative Sprache ist in Ansätzen immer poetische Sprache, auch als biblisch-religiöse Sprache, aber sie wird erst dann erreichbar, wenn die leidige Alternative von Alltagssprache und Poesie produktiv überwunden ist *(Biehl).*

18 *P. Biehl*, ebd. S. 54 (Hervorhebungen dort).
19 *H. Schröer*, Art. Erzählung, in: TRE 10 (1982), S. 227ff. (dort weitere Lit.).

– Zugleich gewinnen neuere literarische Versuche für den Religionspädagogen an Bedeutung. Dabei geht es weder darum, sie nachzuahmen, noch darum, aus dem Lehrer unversehens einen Dichter zu machen. Aber solche Versuche können uns hellhörig und hellsichtig für die Mannigfaltigkeit im erzählerischen Umgang mit biblischer Überlieferung machen. Dies bedeutet vor allem, der Kategorie »Nacherzählung« zugunsten von »*Neuerzählung*« den Abschied zu geben. Nacherzählung fixiert tendenziell immer auf »Bericht von . . .«; sie neigt zur »Information über . . .«, statt produktiv erzählerisch auszugreifen (vgl. oben II).
– Unterschiedliche Versuche solcher Neuerzählungen liegen vor.[20] Sie sind noch kaum in die religionspädagogische Diskussion einbezogen. Wir nennen drei typische Beispiele aus unterschiedlichen Kontexten.
1. *Wolfgang Fietkau* legt in seinem Band »Laß doch dem Kind die Flasche« (1981) zwanzig Erzählungen vor, die teils biblische Geschichten neu erzählen, teils biblische Inhalte und Motive aufnehmen, aber gegenüber den Vorlagen eigenständige erzählerische Gestaltungen bieten.
2. *Leszek Kolakowskis* Sammlung »Erbauliche Geschichten« unter dem Titel »Der Himmelsschlüssel« (1981[4]) bietet anspruchsvolle Reflexionserzählungen, die ein weiteres Mal verdeutlichen können, daß qualifizierte Erzählungen für Erwachsene nicht minder instruktiv sind als solche für Kinder.
3. *Kurt Reblins* und *Wolfgang Teicherts* Predigtsammlung »Gottescourage« (1981) enthält Predigten, deren »Text« Heiligenlegenden sind. Wir nennen dieses Beispiel, weil auch die Nähe zur homiletischen Thematik aufschlußreich ist. Die Erzählung kommt hier doppelt ins Spiel: einmal in den Legenden, zum anderen in davon inspirierten Predigtpassagen.
Solche – und zahllose andere – Beispiele scheinen uns so geeignet wie notwendig, um die religionspädagogische Debatte über das Erzählen biblischer Geschichten endlich aus ihren Verkrustungen herauszuführen. Die Ansatzpunkte dafür sind formuliert:
– Die Alltagserfahrung des Schülers, ihre erzählerische Artikulation, ist die Basis, nicht aber ein fremder Text, der »textgetreu« wiederzugeben wäre.
– So erworbene Sprachfähigkeit ermöglicht, die erzählte »Welt« anderer zu vernehmen, sei es in der Dichtung, sei es in religiöser Überlieferung und ihren weitererzählten Fassungen.[21]

Diese Ansatzpunkte sind für Religions- wie für Ethikunterricht bedeutsam.

20   Vgl. dazu auch den anregenden Beitrag von *O. Fuchs*, Literarische Prosa und biblische Geschichten. Was heißt erzählen?, in: *G. Otto* (Hg.), Theologie – Literatur – Literaturwissenschaft, THP (Themen der Praktischen Theologie) 18 (1983,3–4), S. 28ff.
21   Zur auf weite Strecken vergleichbaren homiletischen Problematik, angesiedelt im Dreieck von Rhetorik – Poesie – Theologie, vgl. *G. Otto,* Predigt als rhetorische Aufgabe (1986), bes. Kap. 2.3 und 4.1.

Bibliographische Nachweise

0   Der Mensch in seiner Welt
Leicht überarbeitete Fassung, zuerst in: Theologia Practica 2 (1967), S. 289–306.

1.1   Die Überwindung der Katechetik
Gekürzte Fassung von: Implizite und explizite Katechetik, zuerst in: Monatsschrift für Pastoraltheologie 51 (1962), S. 44–52.

1.2   Religionspädagogik als kritische Theorie
Erweiterte Fassung von: Was heißt Religionspädagogik?, zuerst in: Theologia Practica 9 (1974), S. 156–170.

2.1   Religionsunterricht als hermeneutische Aufgabe. Erster Teil
Überarbeitete Fassung von: Evangelischer Religionsunterricht als hermeneutische Aufgabe, zuerst in: Zeitschrift für Theologie und Kirche 61 (1964), S. 236–249.

2.2   Noch immer: Religionsunterricht als hermeneutische Aufgabe? Zweiter Teil
Unveröffentlicht.

3.1   Zur Problematik des Religionsunterrichts in Bremen
Zuerst in: *G. Otto,* Schule und Religion (1972), S. 47–65.

3.2   Konfessioneller oder allgemeiner Religionsunterricht?
Überarbeitete Fassung, zuerst in: Evangelische Theologie 34 (1974), S. 341–349.

3.3   »Religion« contra »Ethik«?
Unveröffentlicht.

4.1   Elemente einer Theorie des Erzählens im Religionsunterricht
Unveröffentlicht.

In Vorbereitung

Gert Otto

Predigt als rhetorische Aufgabe
Homiletische Perspektiven

Gert Otto hat bisher mehrere Monographien und zahlreiche Aufsätze zur Homiletik vorgelegt. Dabei ist es sein durchgängiges Interesse, die Lehre von der Predigt im Sachzusammenhang der *Rhetorik* zu entwickeln. Damit korrigiert er die Ablehnung der Rhetorik, wie sie spätestens seit der Dialektischen Theologie in der Homiletik selbstverständlich geworden ist.
Mit dem vorliegenden Band rundet Gert Otto sein aus der Rhetorik gewonnenes Verständnis der Homiletik ab. Er zeigt einerseits entscheidende Stationen des eigenen Denkweges, andererseits bietet er weiterführende Konkretisierungen. Daß hier frühere Arbeiten zum Teil wieder aufgenommen werden, führt nicht zu einer Aufsatzsammlung traditionellen Stils. Vielmehr hat die neue Zusammenstellung und Disposition des Bandes dazu genötigt, alle Aufsätze tiefgreifend zu überarbeiten, Kürzungen ebenso wie Erweiterungen vorzunehmen und Zusammenhänge zwischen den verschiedenen Annäherungen an die *zentrale Fragestellung* zu verdeutlichen: Predigt, im Zusammenhang der Rhetorik, im Zusammenhang einer allgemeinen Redekunst gesehen. In der Linienführung des Buches ist der Abschnitt: *Gegenthesen zur Kritik am rhetorischen Predigtverständnis* der Angelpunkt des Ganzen. Die voranstehenden Kapitel zeigen den Denkweg des Verfassers, der ihn zu diesem Punkt geführt hat, die folgenden bieten Entfaltungen in historischem Material und Konkretisierungen in gegenwärtigen Problemstellungen, die zugleich Hilfen für die Predigtpraxis sind.

Gert Otto, geb. 1927, ist seit 1963 Professor für Praktische Theologie in Mainz. Zahlreiche Buch- und Aufsatzveröffentlichungen zur Religionspädagogik, zur Homiletik und zu Grundsatzfragen der Praktischen Theologie. Herausgeber und Redaktionsmitglied der THEOLOGIA PRACTICA. Jahrelange Mitarbeit in der Synode der EKHN. Universitätsprediger.

Neukirchener Verlag